JESSICA ROCH

Zyklus im Glück

Das Kochbuch

INHALT

»IN EINER FÜR MÄNNER GEMACHTEN WELT WILL ICH FRAUENGESUNDHEIT IN DEN MITTELPUNKT RÜCKEN.«

Jessica Roch

FRAUSEIN IN DER HEUTIGEN WELT

Erinnerst du dich noch an deine erste Menstruation? An das, was du damals fühltest, nachdem du zum ersten Mal geblutet hattest? War es Furcht, Scham, Ekel? Oder waren es doch positive Gefühle? Ich selbst erinnere mich noch sehr genau an diese Zeit. Ich hatte Monate darauf gelauert, eigentlich seit mir meine Mutter zum ersten Mal von der Regelblutung erzählt hatte. Sie beschrieb die erste Periode als einen großen Schritt auf dem Weg zur Frau. Menstruation. Das bedeutete für sie nicht nur eine ganze Menge Blut und Schmerzen, sondern vor allem eines: Fruchtbarkeit. Und so konnte ich es kaum erwarten, endlich meine eigene Fruchtbarkeit zu spüren. Als meine Periode dann zum ersten Mal da war, fühlte ich mich unglaublich stolz. Stolz auf meine Weiblichkeit, meinen Körper und die Wunder, die er vollbringen konnte.

Von diesen positiven Gefühlen gegenüber der Menstruation ist in der heutigen Gesellschaft kaum etwas zu spüren. In den meisten Kulturen ist sie völlig stigmatisiert und soll möglichst hinter verschlossenen Türen stattfinden. Frauen erfahren früh, dass ihre Regelblutung etwas ist, das bitte bloß nicht thematisiert werden sollte. Wer aufgrund der Menstruation nicht zur Arbeit kommen kann, soll sich krank schreiben lassen – obwohl die Periode ein normaler Teil des weiblichen Zyklus ist und nichts mit Krankheit zu tun hat.

Auch in den Medien wird ein toxisches Bild vermittelt – schon allein, wenn man sich die Werbung für Periodenprodukte ansieht. Hier wurde anstelle von Blut oder einer ähnlich aussehenden Flüssigkeit bis vor Kurzem noch eine blaue Tinktur eingesetzt – fast so, als wäre die rote Farbe etwas Unanständiges. Und die Frauen in diesen Werbespots verhielten sich so, als würde die Blutung weder Kraft kosten noch Krämpfe verursachen. Egal, ob mit strahlendem Lächeln als Business Woman in der Firma oder beim Aktivsport – sie taten so, als gäbe es überhaupt keinen Zyklus.

SYMBOL FÜR DEINE FRUCHTBARKEIT

Doch nicht nur die Periode hat ein merkwürdiges Image. Die weibliche Fruchtbarkeit wird ebenfalls nicht als das Wunder angesehen, das sie eigentlich ist. Vielmehr soll sie möglichst komplett ausradiert werden: mit Präparaten, die den kompletten weiblichen Zyklus unterdrücken und hochstens eine Fake-Periode erzeugen, die mit einer echten Regelblutung nichts zu tun hat. Nie waren wir weiter von der natürlichen Weiblichkeit entfernt. Doch ich bin überzeugt: Wir befinden uns gerade an einem Wendepunkt. Mehr und mehr Frauen setzen künstliche Hormone ab und beginnen, sich für ihren Zyklus zu interessieren. Sie erlernen Methoden wie Natürliche Familienplanung (NFP), die es ihnen ermöglichen, ihre Körpersignale zu tracken und so in ihrer eigenen Weiblichkeit zu lesen. Dies nutzen sie, um bewusst schwanger zu werden – oder auch, um gezielt zu verhüten.

Mit vereinten Kräften sind Aktivistinnen und Unternehmen außerdem dabei, die Periode aus der Schamecke zu befreien. Nachhaltige Menstruationsprodukte wie Menstruationstassen oder Perioden-Panties schießen regelrecht aus dem Boden und ermöglichen es, Wegwerfprodukte wie Tampons oder Binden »ad acta« zu legen. Doch leider schreitet auch die Kapitalisierung voran: Firmen haben erkannt, wie gut man mit dem weiblichen Zyklus Geld verdienen kann. Perioden-Boxen mit Schokolade und Chips im monatlichen Abo oder Nahrungsergänzungsmittel mit einer Vielzahl unnötiger und teilweise sogar schädlicher Wirkstoffe fluten den Markt. Sie alle sollen Frauen und anderen menstruierenden Menschen weismachen, dass sie »nur dieses eine Produkt« brauchen – und schon werden sich ihre Hormonbeschwerden in Luft auflösen.

DEN KÖRPER WIEDER WERTSCHÄTZEN

Das Problem? Es gibt keine Wunderpille für den weiblichen Zyklus. Kein Supplement der Welt kann Hormonprobleme regulieren, da diese viel tiefer gehen sowie verwobener in unserem Körper sind, als wir uns das vorstellen können. Aber was dann? Was können die unzähligen Frauen tun, die mit Zyklusbeschwerden wie PMS, Periodenproblemen, ausbleibendem Kinderwunsch und vielem mehr zu kämpfen haben?
Der erste Schritt besteht darin, dass wir gedanklich dorthin zurückkehren, wo ich schon als 14-Jährige ganz unbewusst angekommen war: zur Wertschätzung für den weiblichen Körper. Denn wenn wir unseren Körper und unsere Weiblichkeit wertschätzen, führt das unweigerlich dazu, dass wir damit aufhören, beides zu ignorieren. Frauenkörper sind anders als Männerkörper – und das ist auch gut so. Letztendlich ist unser Zyklus genau das, was uns lange gesund hält: Das Sexualhormon Östrogen schützt die Gesundheit der Knochen und des Herz-Kreislauf-Systems. Es ist auch dafür verantwortlich, dass Frauen bis zur Menopause deutlich weniger mit typischen Herz-Kreislauf-Erkrankungen wie Herzinfarkten oder Schlaganfällen zu kämpfen haben als Männer.
Erst nach der Menopause gleichen sich die Fälle zwischen den Geschlechtern an. Unser Zyklus ist also keine lästige Einschränkung, sondern vielmehr ein Bodyguard, der – im wahrsten Sinne des Wortes – unseren Körper beschützt. Wer seine Scheuklappen erst einmal abgenommen hat, merkt sehr schnell, wie intensiv der Körper versucht, mit uns zu kommunizieren. Kleine Hormonprobleme wie Stimmungsschwankungen, Zwischenblutungen, Heißhungerattacken, schmerzende Brüste oder zyklische Kopfschmerzen können erste Signale sein, die uns vermitteln sollen, dass im endokrinen System etwas nicht richtig läuft. Darum sollten wir aufmerksam sein und unserem Körper dabei helfen, wieder ins Gleichgewicht zu kommen.

UNSER ZYKLUS GEMÄSS DER NATUR

Wie wir das am besten schaffen? Indem wir aufhören, uns zu verhalten wie die Frauen in den Tampon-Werbespots. Wir haben einen Zyklus, der uns jeden Tag aufs Neue beeinflusst. Wer das ignoriert, arbeitet immer gegen den eigenen Körper. Wer diese Tatsache dagegen annimmt, kann lernen, mit seinem Körper zu fließen.
Stell es dir so vor: Während der Männerkörper der Sonne gleicht, die jeden Tag gleich scheint (mal mehr von Wolken verdeckt, mal weniger), ähnelt der Frauenkörper dem Mond. Er verändert sich in einem festen Rhythmus und sieht nach einer Woche völlig anders aus als noch in der Woche zuvor. All diese Veränderungen beeinflussen unsere Bedürfnisse und Fähigkeiten, so wie der Mond die Gezeiten des Meeres beeinflusst. Wir können uns also gar nicht den ganzen Zyklus über gleich fühlen, sondern müssen Veränderungen als Teil unseres Seins begreifen. Andererseits ist es wichtig, unseren Körper bei dieser Veränderung zu unterstützen – indem wir auf die jeweiligen Bedürfnisse und Fähigkeiten eingehen, die jede Zyklusphase prägen.

In meinem ersten Buch »Zyklus im Glück« habe ich erklärt, wie du zyklisch leben kannst – und zwar in Bezug auf alle Aspekte, die der Alltag für uns bereithält. Mit diesem zweiten Buch möchte ich den Bereich der praktischen Ernährung vertiefen. Denn die Ernährung ist das, was einer Wunderpille für den Zyklus am nächsten kommt. Sie ist unerlässlich für die Hormonproduktion, fördert die Fruchtbarkeit und kann uns dabei helfen, überschüssige Hormone schneller wieder auszuscheiden.

Auf diese Weise unterstützen uns die richtigen Lebensmittel – ich nenne sie auch Zyklusfoods – dabei, wieder in Balance zu kommen, kleine Hormonprobleme loszuwerden und gleichzeitig hormonellen Erkrankungen vorzubeugen. Klingt zu schön, um wahr zu sein? Wenn du erst einmal mit den Zyklusfoods angefangen hast, wirst du schnell sehen, wie sich dein Körper erholt, deine Hormonprobleme zurückgehen und du dich jeden Tag ein wenig besser fühlst.

IM ALLTAG DEM ZYKLUS FOLGEN

Damit du alles, was ich dir hier erkläre, schnell und einfach umsetzen kannst, hält mein neues Buch – abgesehen von einer Menge Wissen rund um dein weiblichen Zyklus – auch einiges an Unterstützung bereit. Neben über 50 leckeren Gerichten für die vier Zyklusphasen erwarten dich ein beispielhafter Monatsplan mit Rezepten aus dem Buch und viele Zyklus-Tipps, die dir zeigen, wie du das Ganze im Alltag umsetzen könntest. Um noch besser zu verstehen, was dir dein Körper sagen will, habe ich außerdem einen kleinen Hormon-Check-up in das Buch integriert. Er soll dir beim Entschlüsseln deiner Körperbedürfnisse helfen. Wenn du diesen ausgewertet hast, kannst du neben Zyklusfoods auch wunderbar passende Heilkräuter und Teemischungen einsetzen, um deine Zyklusbalance zu erhalten oder zu unterstützen.

Mein Wunsch ist, dass dieses Buch dein Handwerkszeug wird, um deinem Körper die Wertschätzung und Liebe entgegenzubringen, die er verdient hat. Sei stolz auf deine Weiblichkeit und lebe deinen Zyklus in vollen Zügen aus! Ich wünsche dir viel Freude dabei – und vor allem: einen guten Appetit.

Deine Jessie

»ALS ICH BEGANN, MEINE ERNÄHRUNG AN DIE BEDÜRFNISSE DES ZYKLUS ANZUPASSEN, VERÄNDERTE SICH VIELES: ICH HATTE MEHR ENERGIE, KONNTE LEICHTER MEIN GEWICHT HALTEN UND UNANGENEHME MENSTRUATIONSBESCHWERDEN VERSCHWANDEN ENDLICH.«

Jessica Roch

ZYKLUS-BASICS

Um dich zyklisch zu ernähren, musst du zuerst verstehen, wie das Wunderwerk »weiblicher Körper« genau funktioniert. Du erfährst in diesem Kapitel alles Wichtige über deine Periode, die verschiedenen Hormone, die deinen Zyklus steuern, und erhältst Informationen, wie du deine Ernährung an die vier Zyklusphasen anpassen kannst.

HORMONE LENKEN DEN ZYKLUS

Die weibliche Periode kennt viele Namen – von medizinisch-technokratischen Begriffen wie Menstruation oder Regelblutung bis hin zu witzig-absurden Bezeichnungen wie »Tante Rosa«, »Erdbeerwoche« oder »Rote Welle«. Viele Frauen nennen ihre Periode auch schlicht »meine Tage« – eine Bezeichnung, die ich mittlerweile sehr gerne mag, denn es heißt: Zeit für sich selbst.

DIE PERIODE, DEINE PERSÖNLICHE FEEDBACK-ZENTRALE

Die früher oft unklare Benennung der Periode war für mich stets der Beweis dafür, wie schambehaftet und tabuisiert die weibliche Monatsblutung in unserer Gesellschaft immer noch war. Doch meine Einstellung dazu hat sich verändert. Wenn man sich die eigentliche Bedeutung der beiden Wörter in Kombination genauer ansieht, dann sind »meine Tage« doch etwas sehr Positives. Schließlich drückt es genau das aus, was die Periode für Frauen sein sollte: eine ganz besondere Zeit, die nur der Frau selbst gehört – und in der sie nichts und niemandem irgendetwas schuldig ist.

ZEIT FÜR RÜCKBESINNUNG AUF SICH SELBST

»Meine Tage« sind also eine Zeit, in der sich eine Frau auf sich selbst zurückbesinnen und aus dem Strudel des Alltags – zumindest für eine kurze Zeit – ausbrechen sollte. Und das ist auch dringend notwendig: Der Menstruationszyklus, der mit der Abstoßung der Gebärmutterschleimhaut immer wieder von Neuem beginnt, ist für viele Frauen unangenehm und kräftezehrend. Darum plädiere ich für einen veränderten Blickwinkel auf unsere Periode. Wir sollten sie nicht als lästiges Hindernis oder gar Störenfried ansehen, sondern vielmehr als eine eingebaute monatliche Erinnerung, auf die Bremse zu treten und uns selbst eine wohlverdiente Ruhepause zu gönnen.

Länge und Intensität – individuell sehr unterschiedlich

Im Schnitt blutet eine Frau in regelmäßigen Abständen über eine Zeitspanne von 40 Jahren hinweg. Das ergibt hochgerechnet durchschnittlich 450 bis 500 Perioden im gesamten Leben. Legt man diese Anzahl auf Tage um, kommt man auf 1800 bis 2400 Tage – oder fünf bis sechs Jahre. Es ist also eine Menge Zeit, die wir mit unserer Monatsblutung verbringen. Früher, als die Frauen aufgrund fehlender Verhütungsoptionen noch deutlich mehr Kinder bekamen und wegen erschwerter Lebensbedingungen die Perioden auch öfter ausblieben, erlebten sie deutlich weniger Perioden, als das bei der modernen Frau der Fall ist.

Eine echte Chance

Unsere Periode hält aber noch viel mehr bereit als lediglich eine Blutung, die uns 40 Jahre des Lebens begleitet: Sie ist nämlich eine der besten Feedback-Zentralen, die es gibt, und verrät uns, wie es um unsere Gesundheit im Allgemeinen und unsere Hormonbalance im Besonderen bestellt ist. Um dieses Feedback lesen und entschlüsseln zu können, benötigen wir ein Mindestwissen über den weiblichen Zyklus.

WAS IST EINE PERIODE – UND WAS NICHT?

Als »Periode« bezeichnen wir eine vaginale Blutung, die vier bis fünf Tage dauert und grob gesagt etwa alle 28 Tage auftritt. Es gibt aber auch Blutungen, die keine echte Periode sind. Damit wir von einer echten Periode sprechen können, muss es vorher einen Eisprung (Ovulation) gegeben haben. Ohne Eisprung keine echte Periode. Hattest du keinen Eisprung, spricht man von einem sogenannten anovulatorischen Zyklus. Dieser fehlende Eisprung führt bei manchen Frauen dazu, dass sie auch ihre Periode nicht bekommen. Wieder andere bluten zwar, doch hierbei handelt es sich um eine sogenannte östrogenbedingte Durchbruchsblutung, jedoch nicht um die eigentliche Periode.
Wenn du nicht sicher bist, ob du einen Eisprung hast, kannst du das mit der NFP-Methode herausfinden, bei der sich auf Basis der morgendlichen Basaltemperatur und der Beschaffenheit deines Zervixschleims der Eisprung genau nachverfolgen lässt. Infos hierzu findest du bei sogenannten NFP-Beraterinnen, die es in ganz Deutschland gibt (s. S. 157).

Was steckt hinter einem ausbleibendem Eisprung?

Hast du mehrmals keinen Eisprung, dann deutet das darauf hin, dass bei dir etwas aus dem hormonellen Gleichgewicht geraten ist. Vielleicht ernährst du dich zu strikt, vielleicht treibst du zu viel Sport oder vielleicht hast du gerade einfach zu viel Stress? Auch medizinische Probleme, beispielsweise eine Schilddrüsenunterfunktion oder eine hormonelle Störung wie das Polyzystische Ovarsyndrom (PCOS), können zu einer ausbleibenden Periode führen.
Und wie sieht das Ganze mit Pille aus? Frauen, die die Pille nehmen, bluten zwar wunderbar regelmäßig – doch auch hierbei handelt es sich nicht um eine echte Periode. Vielmehr ist dies eine sogenannte Abbruchsblutung, die von den Entwicklern der Pille extra »eingebaut« wurde, damit sich die Pilleneinnahme für Frauen »natürlicher« anfühlt.

Wie lange dauert eine gesunde Periode?

Wie erwähnt dauert eine normale Periode bei den meisten vier bis fünf Tage – aber alles, was sich im Rahmen von drei bis sieben Tagen bewegt, ist normal. Diese Dauer signalisiert dir, dass dein Östrogenspiegel in der Follikel- und Eisprungphase ausreicht, damit die Gebärmutterschleimhaut ausreichend aufgebaut wurde. Wenn du eine extrem kurze, extrem schwache Periode hast, klingt das vielleicht erst einmal ganz angenehm – aber leider ist das ein Signal für einen zu niedrigen Östrogenspiegel. Dauert deine Periode dagegen länger als sieben Tage, kann das ein Signal für eine hormonelle Störung oder Erkrankung sein. Besprich dies am besten mit deiner Gynäkologin.

Wie sieht eine gesunde Periode aus?

Auch Farbe und Konsistenz der Regelblutung besitzen eine Aussagekraft: Eine gesunde Periode hat eine satte rote Farbe und weist die Konsistenz von Ahornsirup auf. Das Periodenblut sollte gut fließen und nur vereinzelt Klümpchen enthalten.

Ist die Farbe des Blutes sehr dunkel und enthält das Blut sehr viele Klumpen, kann das ein Anzeichen für eine Östrogendominanz oder einen Progesteronmangel sein. Umgekehrt kann eine sehr helle, dünne Periode auf einen Mangel an Östrogen hinweisen.

Wie viel Blut geht durch die Periode verloren?

Blutest du länger als sieben Tage oder musst du jede Stunde deinen Tampon wechseln? Dann ist deine Blutung wahrscheinlich zu stark. Der normale Blutverlust pro Periode liegt zwischen 25 und 80 Millilitern Blut. Du kannst dir nicht vorstellen, wie viel das ist? Dann gieß die Menge an Wasser einfach mal in einen Messbecher – das macht das Ganze verständlicher. Wenn du dir nicht sicher bist, ob deine Blutung zu stark ist, kannst du das mithilfe der App Myflow Score aufzeichnen und herausfinden. Oder du trackst deine Blutung mit einem Blatt Papier: Notiere dir einfach an jedem Tag deiner Periode, welches Hygieneprodukt du verwendet hast und wie oft du es wechseln musstest. Schreibe am besten auch dazu, wie voll dein Hygieneprodukt war. Kommst du insgesamt auf mehr als 16 komplett vollgesaugte Binden oder Tampons in Normalgröße, ist deine Blutung zu stark. Du nutzt Periodenslips? Ist dein Periodenslip für normale Tage an mindestens drei Tagen deiner Blutung schneller als viermal am Tag vollgesaugt, weist auch das auf eine zu starke Blutung hin.

DEINE PERIODE IM LAUFE DES LEBENS

Zwar spreche ich hier von der »normalen« Periode, aber tatsächlich ändert sich das, was als normal gilt, im Laufe des Lebens. In der Zeit als Jugendliche ist deine Periode anders als in deinen 20ern und, wenn du die 40 überschritten hast, verändert sich deine Menstruation aufs Neue. Grob eingeteilt verändert sich deine Regelblutung in den verschiedenen Lebensphasen nach dem folgenden Schema:

Pubertät

Vielleicht erinnerst du dich noch an die Anfangszeit deiner Periode, als du ein Teenager warst? Da war in deinem Körper irgendwie alles chaotisch und unvorhersehbar. Mal kam die Periode, dann wieder nicht – von Regelmäßigkeit war hier anfangs keine Spur. Und das ist vollkommen normal. Denn im Übergang vom Mädchen zur Frau befindet sich dein Körper im Wandel: Hormone, Organe und Drüsen müssen erst lernen, wer eigentlich für was zuständig ist und wie man richtig miteinander kommuniziert. Da kann es schon mal sein, dass ein Eisprung ausbleibt, eine Periode zu spät dran ist oder deine Blutung zu oft oder zu stark kommt. Der Körper braucht in dieser Phase einfach viel Geduld, damit er selbst lernen kann, wie er eigentlich funktioniert.
Leider wird in dem jungen Alter oft viel zu schnell die Antibabypille verschrieben, die in dieses zarte Gefüge hart dazwischengrätscht und so verhindert, dass sich die einzelnen Bestandteile deines Hormonsystems richtig aufeinander einspielen können. Die Zeche dafür zahlen wir spätestens dann, wenn wir die Pille absetzen. Darum lege ich in meinen Kursen so viel Wert darauf, den Körper bei diesem Übergang richtig zu unterstützen und so Probleme – wie Hormonschwankungen oder Reste von Pillenhormonen im Fettgewebe – nach dem Absetzen der Pille zu verhindern.
Gegen Ende der Teenagerjahre pendelt sich das endokrine System in der Regel ein und die Menstruation normalisiert sich. Ist das nicht der Fall, lohnt es sich, mit einer Gynäkologin oder einem Gynäkologen abzuklären, ob sich ein medizinisches Problem dahinter verbirgt, oder ob der Körper schlicht und einfach noch ein bisschen mehr Zeit benötigt, um sein individuelles Gleichgewicht zu erlangen.

Zwischen 20 und 40

Ab den 20ern und in den 30ern sollten Frauen mit ihrer Periode in ruhigeres Fahrwasser kommen. Jetzt verdient sie den Namen »Regelblutung«, denn bei einem gesunden Hormonhaushalt, bei dem alles in der Balance ist, kommt die Periode regelmäßig. Auch die Blutungsstärke schwingt sich ein, sodass man sich deutlich besser auf die Blutungstage einstellen kann. Das ist der Idealfall, der oft sehr weit von der Realität entfernt ist.

Denn bei einem stressigen Alltag, einer hormonstörenden Umgebung, fehlenden Nährstoffen, einem Zuviel oder Zuwenig an Bewegung sowie vielen weiteren Faktoren ist die Periode nur in wenigen Fällen so angenehm, wie sie es eigentlich sein sollte. Im Gegenteil: Viele Frauen klagen in dieser Lebensphase über Beschwerden des prämenstruellen Syndroms (PMS) – also Symptome wie Stimmungsschwankungen, Heißhungerattacken, Wassereinlagerungen, schmerzende Brüste, Migräne und viele weitere, die in den Tagen kurz vor der Periode auftreten. Und auch die Menstruation selbst ist in dieser Lebensphase oft alles andere als angenehm.

Oft erleben Frauen sehr starke Krämpfe, die sie davon abhalten, ihren Alltag während der Regelblutung genießen zu können. Wieder andere haben Probleme beim Versuch, schwanger zu werden, und müssen sich in teure und belastende Fruchtbarkeitsbehandlungen begeben, um den Traum von der eigenen Familie wahr werden zu lassen.

Nach dem 40. Geburtstag

Ungefähr wenn Frauen die 40 erreicht haben, beginnt schließlich das letzte Jahrzehnt der fruchtbaren Phase. In dieser Zeit verschiebt sich der Eisprung Stück für Stück im Zyklus nach vorn, sodass er immer früher stattfindet. Auch können sich jetzt Zyklen ohne Eisprung, Zyklen ohne Periode, Zwischenblutungen sowie stärkere Blutungen häufen, Progesteronmangel und Östrogendominanz sind möglich.

Der Körper ist also wieder im Aufruhr – ähnlich wie während der Pubertät. Sobald die Periode insgesamt ein Jahr ausgeblieben ist, spricht man offiziell von der Menopause beziehungsweise Post-Menopause.

Das ist die Ausgangslage

In den verschiedenen hormonellen Lebensphasen kann uns die Periode also sehr genau Aufschluss darüber geben, was gerade im Körper vorgeht – und welche Baustellen es vielleicht gibt. Wenn wir lernen, die Periode nicht mehr als lästiges Übel anzusehen, sondern das Feedback, das sie uns geben will, anzunehmen, können wir sehr viel daraus ziehen:

Was tut uns gut – und wovon sollten wir besser Abstand nehmen? Das Leben wird sich Stück für Stück leichter anfühlen, die Hormone kehren in Balance zurück und lassen Probleme verschwinden.

> »DEIN KÖRPER GIBT DIR MITHILFE DER PERIODE JEDEN MONAT EINE KLARE RÜCKMELDUNG DAZU, WO DU GERADE STEHST – UND WAS DU BESSER MACHEN KANNST.«
>
> Jessica Roch

LEBE DEINEN ZYKLUS

Die wenigsten Frauen haben viel Wissen über den eigenen Körper: Sie kennen ihre Periode und wissen, dass sie schwanger werden können. Aber das ist längst nicht alles: Der weibliche Zyklus entsteht durch ein ausgeklügeltes Zusammenspiel der Hormone, das in vier Phasen unterteilt werden kann. Diese Phasen prägen unser Leben in allen Bereichen – oft ohne dass wir es überhaupt merken.

WICHTIGE BOTENSTOFFE

Das Prinzip des Zusammenwirkens deiner Hormone gleicht einem Wunderwerk der Natur. Denn obwohl unsere Hormone im Grunde nur biochemische Botenstoffe sind, die im Körper hin- und hergeschickt werden, beeinflussen sie einfach alles: Sie sorgen dafür, dass du morgens schwungvoll aus dem Bett kommst, entscheiden darüber, was du dir zum Frühstück machst, helfen dir, bei der Arbeit gute Leistungen zu bringen, unterstützen dich beim Networking mit Kolleginnen und Kollegen und entscheiden schließlich mit darüber, ob du abends daheim ein warmes Bad nimmst oder dich doch lieber wild über die Tanzfläche deines Lieblingsclubs bewegst.

TANZ DER HORMONE: DER ABLAUF DES ZYKLUS

Im menschlichen Körper gibt es eine Vielzahl an Hormonen. Die meisten von ihnen werden in speziellen Hormondrüsen produziert und ins Blut abgegeben. Zu diesen Drüsen gehören dein Hypothalamus sowie deine Hypophyse im Gehirn, deine Schilddrüse und Nebenschilddrüsen, deine Nebennieren, deine Bauchspeicheldrüse sowie deine Keimdrüsen in den Eierstöcken.

Für den weiblichen Hormonzyklus sind in erster Linie fünf Hormone interessant: Östrogen, Progesteron, luteinisierendes Hormon (LH), follikelstimulierendes Hormon (FSH) und Testosteron. Diese fünf Hormone greifen wie in einem perfekt choreografierten Tanz ineinander und lassen auf diese Weise jeden Monat aufs Neue eine Eizelle in deinem Körper heranreifen, sodass diese zur Befruchtung bereit ist. Bleibt die herangereifte Eizelle unbefruchtet, löst der Körper deine Periodenblutung aus, bei der die Eizelle samt der Gebärmutterschleimhaut wieder abgestoßen werden – und der Tanz beginnt von vorn.

Phase 1 – Menstruation

Alles beginnt mit deiner Menstruation, der ersten Phase im weiblichen Zyklus. Das Absinken der Hormone Östrogen und Progesteron löst deine Blutung aus. Gleichzeitig signalisiert der Hormonabfall deinem Gehirn, dass es mit der Produktion der beiden Hormone von Neuem beginnen muss. Noch während du blutest, schickt dein Gehirn zudem das Hormon FSH los. Dieses lässt die Eizellen in den Follikeln (= Eibläschen) deiner Eierstöcke wieder heranreifen – daher stellt die Menstruation immer sowohl jeweils das Ende des alten als auch den Anfang eines neuen Zyklus dar.

Phase 2 – Follikelphase

Sobald du aufhörst zu bluten, beginnt deine zweite Zyklusphase – die Follikelphase. In dieser Phase setzt sich das Wachstum der Follikel weiter fort. So reifen 20 bis 25 Follikel pro Zyklus in deinem Körper heran. Von diesen Follikeln wird jedoch nur einer der Auserwählte sein, der auf die Reise geschickt wird – während alle anderen Follikel zugrunde gehen und verkümmern. Nach welchen Kriterien der Gewinner dieses Rennens ausgewählt wird, ist bis heute ein Rätsel.

Während sie wachsen, produzieren diese Eibläschen das Hormon Östrogen. Dieses Hormon führt dazu, dass sich dein Gebärmutterhals verändert: Er wird weicher, wandert nach oben und öffnet sich leicht – das lässt sich genau ertasten. Und gleichzeitig beginnt der Körper mit der Produktion des sogenannten Zervixschleims (Zervix = Gebärmutterhals), der später als Nahrung und Rutschbahn für die Spermien dient. Das merkst du daran, dass sich dein Scheideneingang im Laufe der Zeit immer feuchter anfühlt und meist auch etwas Schleim in deinem Slip oder auf dem Toilettenpapier landet.

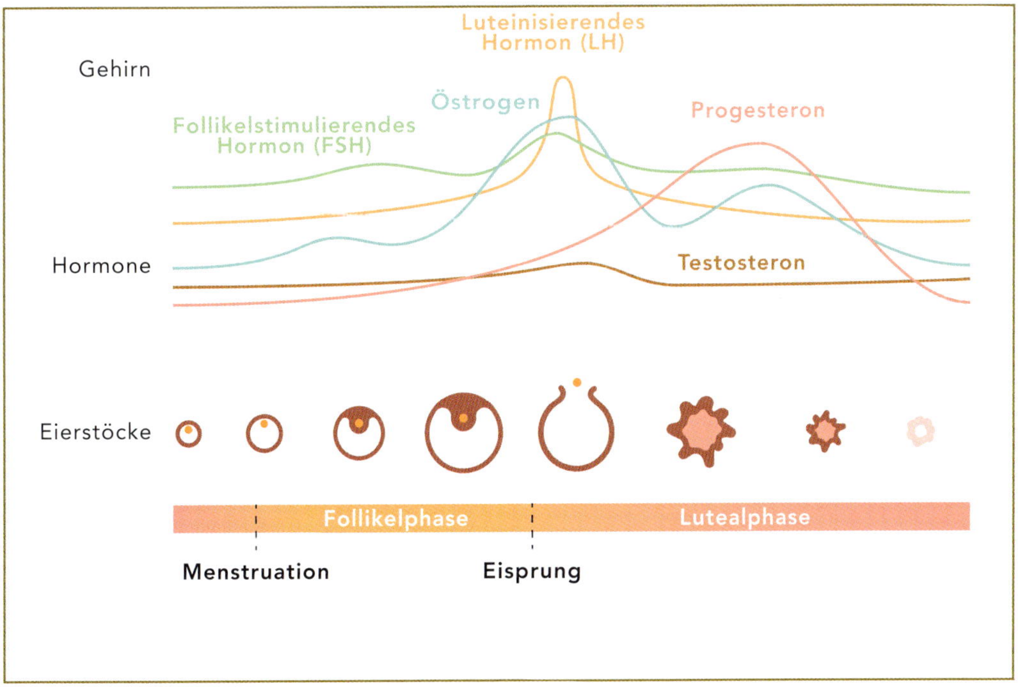

Phase 3 – Eisprungphase

In Phase Nummer drei – der Eisprungphase – setzt sich beim Wettrennen der Follikel schließlich ein Sieger durch: der sogenannte Graaf-Follikel. Er produziert nun vermehrt Östrogen, was dazu führt, dass dein Zervixschleim immer feuchter und glitschiger wird – und du erhebliche Mengen davon produzierst. Auch dein Gehirn merkt, dass der Östrogenspiegel sein Maximum erreicht hat. Es schickt das Hormon LH (luteinisierendes Hormon) los, das den Siegerfollikel zum Platzen bringt.

Bei diesem »Eisprung« wird deine Eizelle in den Bauchraum geschwemmt. Damit sie nicht in den Untiefen deines Bauchs verloren geht, schnappt sie sich der bewegliche Eileiter und nimmt sie in sich auf. Dort ist sie jetzt die nächsten zwölf bis 18 Stunden befruchtungsfähig. Kurz vor diesem Moment schnellt dein Testosteronspiegel nach oben, damit deine Libido anspringt und du Lust auf Sex bekommst. Das ist einfach ein genialer Trick deines Körpers, um dich schwanger zu bekommen.

SCHON GEWUSST?

Von der Ausschüttung des luteinisierenden Hormons (LH) bis zum Eisprung vergehen normalerweise 36 bis 40 Stunden. Manche Frauen versuchen deshalb, sogenannte Ovulationstests zur Verhütung zu nutzen. Diese Tests messen den LH-Wert im Urin. Allerdings ist ein positiver LH-Test kein eindeutiger Beweis, dass auf jeden Fall ein Eisprung kommen wird. Sicher bestimmen kann man den Eisprung nur mit der Sensiplan®-Methode NFP, bei der die Analyse von Zervixschleim und Basalkörpertemperatur kombiniert werden (s. Anhang S. 157).

Phase 4 – Lutealphase

Anschließend geht es für deinen Zyklus mit der vierten Phase, der Lutealphase, gewissermaßen in den Endspurt. Der leere Graaf-Follikel schließt sich nach dem Eisprung wieder, wächst und verändert unter dem Einfluss des LH seine Farbe: Er wird gelblich, was ihm auch seinen Namen »Gelbkörper« eingebracht hat. Der Gelbkörper produziert nun Progesteron – ein Hormon, das deine Gebärmutterschleimhaut umbaut, wodurch sich die befruchtete Eizelle darin einnisten kann.

Zudem verdickt Progesteron deinen Zervixschleim wieder, sodass er jetzt wie ein Pfropfen den Gebärmutterhals verschließt. Wirst du tatsächlich befruchtet, produziert dein Gelbkörper die nächsten drei Monate weiter fleißig Progesteron, bis die Plazenta (= Gebärmutter) übernimmt. Bleibt eine Befruchtung aus, stirbt der Gelbkörper zehn bis 16 Tage nach deinem Eisprung ab. Deine Progesteron- und Östrogenwerte beginnen dadurch stark zu sinken und deine Periode beginnt von Neuem.

MIT DER RICHTIGEN ERNÄHRUNG GEZIELT UNTERSTÜTZEN

Neben den hier genannten fünf Hormonen gibt es noch viele weitere Akteure, die an diesem komplexen Hormon-»Tanz« beteiligt sind. Einerseits ist das Zusammenspiel genau eingetaktet, andererseits führt die »Teamarbeit« mehrerer Hormone dazu, dass unser Zyklus auch leicht aus dem Rhythmus gebracht werden kann. Aus diesem Grund lohnt es sich stets, unseren Körper zu unterstützen. Das können wir tun, indem wir den Zyklus in einen Bereich miteinbeziehen, der die Basis für unsere Gesundheit legt: in unsere Ernährung.

Im nächsten Kapitel erkläre ich dir, worauf du konkret beim Essen und Trinken achten kannst, damit die Hormone möglichst in der Balance bleiben. Zuvor noch ein kleiner Tipp, wie du mit dem zyklischen Leben anfangen könntest.

SO IST ES MIR ERGANGEN

Als ich damit begann, zyklisch zu leben, tat ich mir anfangs schwer. Wie sollte ich wissen, in welcher Zyklusphase ich gerade steckte? Ich hatte all diese Dinge ja nie in der Schule gelernt – und es gab auch niemanden, an den ich mich mit meinen Fragen zum Zyklus wenden konnte. Also musste ich mir alles selbst beibringen und investierte deshalb viel Geld, Zeit und Energie in Weiterbildungen in den Bereichen Ernährung und Frauengesundheit.

Hilfreiche App

Damit du dir nicht so schwertun musst wie ich, will ich dir eine Abkürzung zeigen: Ich habe eine kostenlose App für Frauen entwickelt, die dich auf deinem Weg zum zyklischen Leben unterstützen soll. Sie heißt »Bodysynchron« und ist im App Store oder Google Play Store zu finden (s. Anhang, S. 158). Du musst lediglich lernen, wie du deinen Zervixschleim trackst, den Rest erledigt die App. Sobald du Periode und Zervixschleim eingibst, zeigt sie dir, in welcher Zyklusphase du steckst und welche Zyklusfoods für diese Phase gut geeignet sind – die perfekte Ergänzung zu diesem Buch.

Sich selbst kennenlernen

Je länger du deinen Zyklus trackst, desto schneller wird sich dein gesamtes Körpergefühl verbessern. Das führt auch dazu, dass du dich selbst besser verstehst: Früher habe ich mich beispielsweise gewundert, warum ich mich manchmal so extrem extrovertiert fühlte, Menschen treffen und ausgehen wollte. Und warum ich dann aber wieder Phasen hatte, in denen ich mich in eine Eigenbrötlerin verwandelte, die das gesamte Wochenende mit einem Roman auf der Couch verbringen und keinen Fuß vor die Tür setzen wollte.

Heute weiß ich, dass diese Fluktuation ganz normal ist: Wir sind eben nicht jeden Tag die gleiche Frau, sondern verändern uns im Laufe des Zyklus. Ich plane mittlerweile mein Sozialleben nach dem Zyklus und lege Partyabende mit Freundinnen in meine »extrovertierte Phase«, also in die Follikel- und Eisprungphase. In meiner »introvertierten Phase« – der Lutealphase und der Menstruation – kalkuliere ich mir dafür mehr Zeit für mich selbst ein und fokussiere mich währenddessen auf Entspannungstechniken wie Meditation, Journaling oder Akupressur.

»DER WEG ZU NACHHALTIGER HORMONGESUNDHEIT? FANG AN, DICH UM DEINEN ZYKLUS ZU KÜMMERN, STATT IMMER NUR SYMPTOME ZU BEKÄMPFEN.«

Jessica Roch

ZYKLUSFOOD – SO FUNKTIONIERT'S

Die Auswahl des passenden Zyklusfoods ist der einfachste Schritt, um den Körper auf dem Weg zur Hormonbalance zu unterstützen. Indem du ihm in jeder Zyklusphase genau die Nährstoffe gibst, die er gerade benötigt, schaffst du die perfekte Basis für einen gesunden Zyklus. Das hilft, vorhandene Hormonprobleme schnell wieder loszuwerden, und beugt zugleich neuen Beschwerden vor.

ESSEN GEMÄSS DER JEWEILIGEN ZYKLUSPHASE

Als Zyklusfood bezeichne ich Lebensmittel, die uns in unseren jeweiligen Zyklusphasen unterstützen, regulierend auf unseren Hormonhaushalt wirken können und unsere Fruchtbarkeit fördern. Sie enthalten viele Mikronährstoffe wie Vitamine, Mineralstoffe, Spurenelemente und sekundäre Pflanzenstoffe. Gerade in einer Zeit, in der hormonelle Beschwerden und Erkrankungen unter Frauen immer mehr zunehmen, können wir dem mit gesunder Ernährung etwas entgegensetzen und so unseren Körper bei der Hormonbalance unterstützen.

Unter allen pflanzlichen Lebensmitteln gibt es einige, die mit ihrer Wirkung auf den weiblichen Körper und Hormonhaushalt besonders hervorstechen. Auf den S. 24–27 habe dir meine liebsten Zyklusfoods herausgesucht und möchte dir diese Top 10 genauer vorstellen.

HORMONHELFER: MÖGLICHST UNVERARBEITETE LEBENSMITTEL

Die Grundlage der sogenannten Zyklusfoods sind Lebensmittel, die ich als Hormonhelfer bezeichne. Das sind möglichst unverarbeitete, pflanzenbasierte Produkte in Bio-Qualität: Gemüse, Obst, Hülsenfrüchte, Vollkorn- und Pseudogetreide sowie Nüsse, Kerne und Samen versorgen dich mit wichtigen Nährstoffen und sind reich an Ballaststoffen sowie Antioxidanzien.

Dem gegenüber stehen die sogenannten Hormonstörer. Das sind Lebensmittel, die den Zyklus negativ beeinflussen können, indem sie seine Balance stören oder Entzündungen fördern. Dazu zählen Industriezucker, Alkohol, Koffein, tierische Milchprodukte, Fleisch- und Wurstwaren sowie Transfette. Du sollst nicht von heute auf morgen komplett darauf verzichten. Es geht viel mehr um ein Bewusstsein, dass diese Speisen und Getränke nicht förderlich für deine Hormongesundheit sind. Versuche einfach, sie zu reduzieren – und wenn du dann einmal Lust auf eines davon hast, sie bewusst und ohne schlechtes Gewissen zu genießen. Denn egal, wie wichtig gesunde Ernährung ist: Es sollte nie zum Zwang werden.

DIE ZYKLUSPHASEN IM ÜBERBLICK

Du kennst bereits alle vier Zyklusphasen: Menstruation, Follikel-, Eisprung- und Lutealphase. In jeder Phase laufen in verschiedenen Bereichen des Körpers unterschiedliche Vorgänge ab, weshalb wir jede Phase gezielt mit der richtigen Ernährung unterstützen können. So gleichen wir kleine Defizite oder mögliche Problemfelder aus und fühlen uns den gesamten Zyklus über gut. Besonders diese vier Bereiche verändern sich im Laufe eines Zyklus: Nährstoffbedarf, Appetit beziehungsweise Stoffwechsel, Verdauung sowie Stimmung. Auf den S. 20–23 kannst du dir die Auswirkungen der vier Zyklusphasen hinsichtlich dieser vier Bereiche genauer ansehen.

Fließende Übergänge

Die Zyklusphasen sind keine streng voneinander abgegrenzten Abschnitte, sondern gehen fließend ineinander über. Aus diesem Grund sind viele der Lebensmittel nicht nur für eine, sondern meist für mehrere Zyklusphasen gut geeignet. Deshalb solltest du bei der zyklischen Ernährung auch immer auf deine intuitiven Bedürfnisse hören. Denn dein Körper sagt dir meist sehr genau, was er gerade braucht – du musst ihm nur zuhören.

Eine Übersicht, welche Lebensmittel dich in welcher Phase besonders gut unterstützen, findest du innerhalb des jeweiligen Rezeptkapitels. Die Rezepte sind nach den vier Zyklusphasen sortiert, es gibt jeweils einen Rezeptabschnitt für Menstruation, Follikel-, Eisprung- und Lutealphase. Innerhalb dieser Abschnitte findest du zuerst Ideen fürs Frühstück, dann Hauptgerichte und zuletzt Snacks sowie Desserts.

Bitte nicht verwechseln!

Eine Sache möchte ich noch betonen: Zyklische Ernährung ist keine Diät, sondern ein ganzheitliches Ernährungskonzept, dessen Ziel deine körperliche, vor allem hormonelle Gesundheit ist – und nicht eine Gewichtsreduktion. Da aber die Hormongesundheit Gewicht und Fettverteilung beeinflusst, kann es durchaus sein, dass du mit dieser Ernährung einige Pfunde verlierst. Das liegt auch daran, dass sie sehr genau auf zyklische Veränderungen in deinem Stoffwechsel eingeht.

Bevor ich zyklisch gelebt habe, war meine Ernährung sehr restriktiv: Viele Salate, wenig Kohlenhydrate. Mittlerweile esse ich zyklusbedingt mehr Kohlenhydrate denn je, kann mein Gewicht aber trotzdem mit Leichtigkeit halten und fühle mich körperlich besser als je zuvor.

> »WIR MÜSSEN AUFHÖREN, DIE LÖSUNG FÜR HORMONPROBLEME IN PILLEN UND SUPPLEMENTEN ZU SUCHEN. DIE LÖSUNG LIEGT JEDEN TAG AUF UNSEREM TELLER.«
>
> Jessica Roch

MENSTRUATION

NÄHRSTOFFBEDARF

Die Periode ist eine anstrengende Zeit, die bei vielen Frauen mit Schmerzen, Krämpfen und anderen Begleiterscheinungen einhergeht. Damit es uns in dieser Zeit gut geht, ist die Ernährung wichtig. Durch die Blutung verlieren wir Eisen, daher müssen wir unsere Eisenzufuhr erhöhen. Gute pflanzliche Eisenquellen sind Ölsamen, Getreide und Hülsenfrüchte sowie einige grüne Blattgemüse. Geben wir noch Vitamin C dazu, kann unser Körper das Eisen besser aufnehmen. So erhöhen ein Glas Orangensaft zum Müsli mit Haferflocken oder Kartoffeln und Paprika im Linseneintopf die Aufnahme des Pflanzeneisens. Daneben tun uns in dieser Phase Zink, Omega-3-Fettsäuren und Magnesium gut, da alle drei Nährstoffe Schmerzen lindern und Krämpfe reduzieren helfen. Auch Protein ist wichtig, weil die Aminosäuren, die kleinsten Eiweißbausteine, wichtige Baustoffe für die Hormonsynthese sind – damit dein Körper neue Hormone produzieren kann.

APPETIT UND STOFFWECHSEL

Mit dem Begriff »Grundumsatz« bezeichnet man die Menge an Energie, die dein Körper im Ruhezustand verbraucht. Sobald du Dinge tust – entweder mit deinem Gehirn oder deinem Körper –, steigt der Grundumsatz. Zu Beginn unserer Periode ist der Grundumsatz noch sehr hoch, doch im Laufe der Regelblutung fällt er immer weiter ab, sodass du weniger Kalorien brauchst. Wenn du trotzdem stark nach Schokolade gierst, ist das vielmehr ein Signal, dass dein Körper sich mehr Magnesium wünscht, um mit den Krämpfen besser klarzukommen. Eine wunderbare Alternative zur Schokolade sind Rohkakao oder rohe Kakao-Nibs, die du im Bioladen bekommst und ideal für selbst gemachte Süßspeisen verwenden kannst.

VERDAUUNG

Während der Periode leiden viele Frauen an vermehrtem Stuhlgang oder sogenanntem Periodendurchfall. Dies liegt daran, dass Botenstoffe wie Prostaglandine, die eigentlich die Abstoßung der Gebärmutterschleimhaut auslösen sollen, in den Verdauungstrakt geraten und dort Durchfall auslösen können. In diesem Fall ist es hilfreich, auf Lebensmittel zu verzichten, die solche Verdauungsprobleme verschlimmern können. Dazu gehören fetthaltige oder stark verarbeitete Lebensmittel sowie Alkohol und koffeinhaltige Getränke.

STIMMUNG

Da deine Hormone während der Periode noch auf ihrem Tiefpunkt sind und erst langsam wieder zu steigen beginnen, kann es sein, dass deine Laune während deiner Tage nicht die beste ist. Vielleicht bist du ein wenig trauriger, gereizter oder generell emotionaler. Darum mach einen großen Bogen um Koffein und Industriezucker, welche diese Achterbahn der Gefühle nur verstärken und dafür sorgen, dass du dich noch schlechter fühlst. Fokussiere dich auch hier besser auf Magnesium, das ausgleichend wirkt und dir beim Entspannen hilft.

FOLLIKELPHASE

NÄHRSTOFFBEDARF

In der Follikelphase beginnen die Spiegel fast aller Hormone wieder zu steigen. Das kannst du mit Phytoöstrogenen fördern. Dabei handelt es sich um natürliche Stoffe, die in pflanzlichen Lebensmitteln wie Sojaprodukten oder Leinsamen vorkommen und unserem körpereigenen Östrogen ähneln. Sie können deine Östrogenproduktion unterstützen. Außerdem brauchst du hochwertige Fette und Zink, damit dein Körper für den Eisprung gut versorgt ist.

APPETIT UND STOFFWECHSEL

Dein Appetit wird in dieser Phase weniger, der Stoffwechsel langsamer. Darum brauchst du weniger Kalorien, aber trotzdem viele Nährstoffe. Letztere findest du in Sprossen und Microgreens, also Sprossen, die einige Tage länger wachsen durften. Auch gedämpftes oder gedünstetes Gemüse belasten den Körper in dieser Phase kaum, liefern aber reichlich Nährstoffe.

VERDAUUNG

Jetzt ist der perfekte Zeitpunkt für probiotische Lebensmittel, etwa milchsauer fermentiertes Gemüse wie Kimchi oder Sauerkraut. Diese fördern die guten Darmbakterien und stärken unser Mikrobiom – dabei insbesondere das Östrobolom für den Hormonanstieg, der dem Körper mit dem Eisprung bevorsteht. Damit wir keine Probleme mit einem Östrogenüberschuss und dem prämenstruellen Syndrom (PMS) bekommen, ist es wichtig, dass unser Östrobolom in Balance ist (s. Kasten).

STIMMUNG

Nach einem kleinen Stimmungstief kurz vor und während der Periode beginnt die Laune jetzt wieder zu steigen. Für viele Frauen ist das eine Phase, in der sie sich als besonders kreativ, aufgeschlossen und wissbegierig empfinden. Fühlst du dich in dieser Phase eher gereizt und deine Stimmung schwankt, liegt das vermutlich an einem noch zu niedrigen Östrogenspiegel. Hier kannst du mit etwas gemahlenen Leinsamen oder rotem Maca-Pulver nachhelfen.

WAS IST DAS ÖSTROBOLOM?

In unserem Darm leben Billionen von Mikroorganismen – darunter auch solche, die einen erheblichen Einfluss auf deine Hormone nehmen. Denn sie haben zwei Jobs: das Östrogen zu modulieren, also zu verarbeiten, und es zu metabolisieren, also abzubauen. So regulieren die Mikroorganismen die Menge an zirkulierendem und ausgeschiedenem Östrogen. Wegen ihrer starken Einflussnahme auf unsere weiblichen Geschlechtshormone bezeichnet man die Summe dieser speziellen Darmbakterien als »Östrobolom« – sie stellen damit einen Teil des gesamten Mikrobioms dar.

EISPRUNGPHASE

NÄHRSTOFFBEDARF

Wie erläutert schießt in dieser Phase unser Östrogen in die Höhe. Bei einigen Frauen führt das dazu, dass sie einen Überschuss an Östrogen im Körper ansammeln, was in den nachfolgenden Zyklusphasen zu hormonellen Problemen führen kann. Dem kannst du vorbeugen, indem du vermehrt Kreuzblütler-Gemüse wie Kohl- und Rettichsorten auf den Speiseplan setzt. Diese enthalten nämlich den Wirkstoff Diindolylmethan (DIM), der deiner Leber beim Abbau überschüssiger Östrogene hilft. Weiterer Pluspunkt: Die Vertreter der Kohlfamilie sind reich an den sekundären Pflanzenstoffen der Glucosinolate, die antioxidativ und immunstärkend wirken und das Krebsrisiko senken können.

APPETIT UND STOFFWECHSEL

Um die Zeit des Eisprungs herum ist dein Stoffwechsel am langsamsten – darum tun sich viele Frauen in dieser Phase schwer, wenn sie gerade abnehmen möchten und plötzlich alles ins Stocken gerät. In dieser Phase ist empfehlenswert, die Kohlenhydrate ein wenig zu reduzieren und mehr Obst und Gemüse in Form von Rohkost zu essen. Koche dir leichte Pseudogetreidesorten wie Quinoa oder Amarant, die neben komplexen Kohlenhydraten auch essenzielle Aminosäuren enthalten und dich so mit Protein versorgen, das lange satt macht.

VERDAUUNG

In dieser Zyklusphase ist es besonders wichtig, dass dein Darm schnell und gründlich seine Aufgabe des Hormonabbaus verrichtet, damit nicht unnötig viele überschüssige Hormone im Körper zirkulieren. Um die Entgiftungsarbeit deines Darms zu beschleunigen, sind ballaststoffreiche Lebensmittel (wie Vollkornprodukte, Hülsenfrüchte etc.) super, da sie das Stuhlvolumen erhöhen, die Verweildauer der Nahrung im Darm herabsetzen und so zu einer schnelleren Entleerung deines Darms führen.

STIMMUNG

Testosteron und Östrogen sind jetzt auf ihrem Höhepunkt und verleihen dir eine Menge Energie und gute Laune. Doch ein Zuviel an Östrogen kann dich ängstlich, benebelt und unkonzentriert machen. Sobald du das bei dir bemerkst, gilt auch hier: mehr Kreuzblütler auf den Speiseplan setzen.
Genauso unterstützt du den Hormonabbau über die Aufnahme natürlicher Bitterstoffe, wie sie in Wildkräutern, Radicchio oder Artischocken vorkommen. Denn die bitteren Inhaltsstoffe helfen deiner Leber dabei, deine Hormone in Schach zu halten.
Übrigens: Falls du Lust auf ein Glas Wein oder eine Tasse Kaffee hast, verträgt das dein Körper jetzt am besten.

LUTEALPHASE

NÄHRSTOFFBEDARF

Zwei Nährstoffe sind jetzt besonders wichtig: An erster Stelle steht Vitamin C – es unterstützt sowohl das Immunsystem, das in dieser Zyklusphase etwas schwächelt, als auch deine Progesteronproduktion. Und ausreichend Progesteron ist essenziell, um PMS-Problemen in dieser Zyklusphase vorzubeugen. Echte Vitamin-C-Bomben sind neben Zitrusfrüchten Sanddorn, Hagebutte und Acerola-Kischen, aber auch Kohlsorten und Brennnessel enthalten nennenswerte Mengen an Vitamin C. Wichtig: Es geht beim Erhitzen und Kochen ins Kochwasser über und wird sehr leicht zerstört – am besten diese Obst- und Gemüsesorten also roh essen!
Ebenfalls wichtig sind in der Lutealphase die B-Vitamine, allen voran das Vitamin B6. Es gilt als echtes Anti-PMS-Vitamin, da es hilft, gleichzeitig dein Östrogen zu senken und dein Progesteron zu steigern. Gute pflanzliche Quellen für Vitamin B6 sind Vollkornprodukte, Kartoffeln, Hülsenfrüchte (wie Linsen und Kichererbsen), Avocados, Bananen sowie Wal- und Erdnüsse.

APPETIT UND STOFFWECHSEL

Kaum beginnt die Lutealphase, gibt dein Stoffwechsel auf einmal wieder richtig Gas. Du verbrennst jetzt pro Tag knapp 300 Kalorien mehr – deswegen ist es wichtig, dass sich deine Ernährung anpasst. Das heißt: mehr komplexe Kohlenhydrate essen, beispielsweise in Form von stärkereichem Gemüse, Hülsenfrüchten und Vollkorngetreide. Das garantiert mehr Energie, verhindert aber starke Blutzuckerkurven.

VERDAUUNG

In dieser Phase regiert das Hormon Progesteron – und das hat Auswirkungen auf deine Verdauung. Die wird plötzlich deutlich träger als noch in den Zyklusphasen davor. Das kann dazu führen, dass du vermehrt unter Blähbauch und Verstopfungen leidest. Darum sind erneut Ballaststoffe wichtig, um dein Stuhlvolumen zu erhöhen. Daneben können Chia-Samen und Flohsamenschalen deine Verdauung ankurbeln. Achte bei all dem unbedingt darauf, dass du genug trinkst – das ist die Grundvoraussetzung für eine gute Verdauung.

STIMMUNG

Besonders im zweiten Teil der Lutealphase kämpfen Frauen des Öfteren mit Stimmungsschwankungen. Dem kannst du entgegenwirken, indem du koffeinhaltige Getränke, Alkohol und Industriezucker links liegen lässt – denn deren Inhaltsstoffe können die Achterbahn deiner Gefühle verstärken.
Hilfreich sind dagegen Cashewkerne, da sie sehr reich an der Aminosäure Tryptophan sind. Aus dieser kann dein Gehirn das Glückshormon Serotonin herstellen, was dir zu einer stabileren und positiven Stimmung verhilft. Bei meinen Rezepten für diese Phase ab S. 120 findest du viele Ideen mit Cashewkernen.

DIE TOP 10 ALLER ZYKLUSFOODS

AVOCADO

Wer kann schon einem Avocadotoast oder einer cremigen Guacamole widerstehen? Avocados schmecken nicht nur fantastisch, sie sind auch das perfekte Zyklusfood. Warum? Weil sie viele einfach ungesättigte Fettsäuren enthalten. Und diese laut Studien das Risiko für Unfruchtbarkeit verringern sollen. Darüber hinaus stecken in Avocados zahlreiche Mikronährstoffe wie Folsäure, Kalium und Vitamin A, die alle wichtige Aufgaben für unsere hormonelle Gesundheit übernehmen. Also, ab auf den Toast damit!

KÜRBISKERNE

Viele Frauen leiden unter Zinkmangel, jede dritte Frau ist davon betroffen. Zink ist von großer Bedeutung für den weiblichen Menstruationszyklus. Das Spurenelement hilft bei der Zyklusregulation, indem es die Follikel nährt und den Eisprung unterstützt. Welches Lebensmittel reich an Zink ist? Genau, Kürbiskerne! Neben reichlich Zink liefern Kürbiskerne auch Eisen, Magnesium, Antioxidanzien sowie die Ballaststoffgruppe der Lignane, die die Hormonbalance fördern. Darüber hinaus deuten neueste Studien darauf hin, dass Kürbiskerne bei der Prävention von Brustkrebs hilfreich sein können.

SPROSSEN

Sprossen gibt es in allen Farben, Formen und Geschmacksrichtungen. Sie enthalten wenig Kalorien, dafür aber umso mehr Mikronährstoffe – irgendwie auch klar, denn in so einer Sprosse steckt schließlich die gesamte Nährstoffpower der Pflanze in hochkonzentrierter Form. Untersuchungen zeigen, dass Sprossen durchschnittlich doppelt so nährstoffreich sind wie die ausgewachsenen Pflanzen. Toller Nebeneffekt: Indem du Sprossen aus Hülsenfrüchten ziehst, machst du zugleich das darin enthaltene Protein leichter verfügbar und somit auch verdaulicher.

BROKKOLI

Das leckere Kohlgemüse schmeckt sowohl roh als auch gegart. Und es schenkt dir einen großen Gesundheits-Benefit: Denn Brokkoli enthält eine große Menge des sekundären Pflanzenstoffs Diindolylmethan (DIM), der die Leber dabei unterstützt, überschüssiges Östrogen schneller und besser abzubauen und auszuscheiden. Nachdem in der modernen Welt überall künstliche Östrogene lauern, die unseren Hormonhaushalt schnell irritieren können, kannst du Beschwerden mit einer regelmäßigen Portion Brokkoli vorbeugen. Das gilt übrigens für fast alle Mitglieder der Kohlfamilie.

QUINOA

Das sogenannte Pseudogetreide stammt ursprünglich aus Peru, wird mittlerweile aber auch in Europa angebaut. Es ist völlig frei von Gluten und enthält alle essenziellen Aminosäuren in nennenswerten Mengen. Die Zusammensetzung gilt nahezu als ideal, was Quinoa zur perfekten Proteinquelle für Vegetarier und Veganer macht. Darüber hinaus ist Quinoa reich an Mangan, Phosphor und Kupfer, was sich positiv auf die weibliche Knochengesundheit auswirkt. Unsere Knochen in den reproduktiven Jahren zu stärken, ist extrem wichtig, um das Osteoporose-Risiko ab der Menopause zu senken.

ROH-KAKAO

Schokolade und Periode – das gehört für viele Frauen einfach zusammen. Kein Wunder, hinter dem Heißhunger auf Schokolade versteckt sich ein klares Signal des Körpers: Er schreit lauthals nach mehr Magnesium. Hoch verarbeitete Milchschokolade mit tierischen Fetten, isoliertem Zucker und Zusatzstoffen ist nicht optimal. Viel besser: Roh-Kakao, beispielsweise in Pulverform oder als Kakao-Nibs. Er wird aus der puren Kakaobohne gewonnen und ist reich an Magnesium sowie Polyphenolen. Diese sekundäre Pflanzenstoffen wirken antioxidativ, entzündungshemmend und blutdruckregulierend. Zudem steckt im Roh-Kakao Theobromin – eine Substanz, die gesund für Herz und Kreislauf ist und stimmungsaufhellend wirkt.

CASHEWKERNE

Die Kerne des Cashewbaums sind eines der vielfältigsten Lebensmittel überhaupt. Sie lassen sich zu köstlichen veganen Alternativen für Käsesorten, Sahne oder Tortencremes verarbeiten. Natürlich kannst du sie auch wunderbar knabbern oder als Cashewmus auf eine Bananenhälfte streichen. Cashewkerne sind das beste Gute-Laune-Essen! Sie sind sehr reich an der Aminosäure Tryptophan, die dem Gehirn als Baustoff für das Glückshormon Serotonin dient. Gerade in Zyklusphasen, in denen wir hormonell bedingt weniger gut gelaunt sind, können Cashewkerne helfen, sich schnell wieder besser zu fühlen.

CHIA-SAMEN

Chia-Samen enthalten mit gut 18 Prozent Eiweiß fast genauso viel Protein wie ein Stück Rindfleisch – zudem sind alle essenziellen Aminosäuren enthalten. Daneben stecken in Chia-Samen die Vitamine A, B, C und E sowie Kalzium, Folsäure und Magnesium. Schließlich sind sie der Pflanzen-Spitzenreiter in Sachen gesunde Fettsäuren: 100 Gramm Chia-Samen enthalten 19 Gramm Omega-3-Fettsäuren. Damit wirken sie stark antientzündlich und können Beschwerden wie PMS und starke Regelschmerzen lindern. Und: Sie sind sehr ballaststoffreich und binden das Sieben- bis Zwölffache ihres eigenen Gewichts an Flüssigkeit – so wirst du schnell satt und deine Verdauung wird angekurbelt.

INGWER

Die scharfe Knolle wirkt stark entzündungshemmend, was du für deine Hormonbalance nutzen kannst. Studien haben ergeben, dass täglich nur 1 TL frisch geriebener Ingwer kurz vor und während der Periode dabei hilft, Schmerzen und Krämpfen vorzubeugen oder sie zu lindern. Dabei wirkt der Ingwer ähnlich stark wie ein Medikament. Bevor du also zum Schmerzmittel greifst, um deine Regelbeschwerden einzudämmen, probiere es doch mit einem Glas frischem Ingwertee. Zudem hilft die antientzündliche Wirkung der Knolle auch bei Beschwerden mit PMS und in den Wechseljahren.

GRÜNKOHL

Grünkohl ist mein absolutes Lieblingsblattgemüse. Denn er erhält enorme Mengen der Vitamine A, C und K, Folsäure, Mineralstoffe wie Kalzium und Magnesium sowie das Spurenelement Kupfer. Zudem steckt er voller Beta-Carotine, die die Sehkraft verbessern und gegen Alterungsprozesse schützen, sowie krebshemmender Senföle, sogenannter Glukosinolate. Als Ballaststoff-Booster fördert er außerdem die Verdauung und ist ein proteinreiches Gemüse. Das Beste? Er enthält sehr viel Eisen (ca. 1,9 mg / 100 g), sodass er als das »Fleisch der Vegetarier« gilt. Durch das Eisen kann er helfen, die Eisenverluste durch deine Regelblutung wieder auszugleichen.

ZYKLUS-PROBLEME

Hormonprobleme sind so weit verbreitet, dass die meisten Frauen denken, diese Beschwerden seien normaler Teil des Frauseins. In Wirklichkeit ist es aber so, dass dein Zyklus nicht automatisch Probleme mit sich bringt – außer, ein Hormon gerät aus der Balance. Darum gehen wir in diesem Kapitel deine Beschwerden an und ermitteln, welches Ungleichgewicht sich dahinter verbirgt.

SYMPTOME LESEN STATT HORMONTEST

Mit dem Hormongleichgewicht ist es wie mit vielem im Leben: Wenn etwas reibungslos läuft, bemerkt man es meist nicht. Erst, wenn Probleme auftreten, fällt einem auf, wie gut vorher alles war. So ähnlich verhält es sich mit deinen Hormonen: Sind sie in der Balance, geht es dir prima und du merkst nicht viel von deinem Zyklus. Geraten deine Hormone aber aus der Balance, werden dir so manche Symptome das Leben schwer machen.

GEHE AM BESTEN WIE EINE DETEKTIVIN VOR!

Bei Hormonschwankungen können die Symptome von Frau zu Frau sehr unterschiedlich ausfallen: Ob Hautprobleme, Verdauungsbeschwerden, Schlafstörungen oder klassische Regelschmerzen – die Liste ist lang. Oft sind diese Beschwerden nur die Spitze eines Eisbergs und es wird Zeit für dich, zu einer Detektivin in Sachen Hormonhaushalt zu werden!

TESTUNGEN IM LABOR

Wenn du das Gefühl hast, du könntest ein hormonelles Problem haben, kann ein Hormontest sinnvoll sein. Er überprüft gewöhnlich die folgenden Komponenten: Androgene wie Testosteron und DHEA (Dehydroepiandrosteron), Östrogene, Progesteron, Cortisol. So bekommst du einen guten Überblick über Störungen bei den wichtigsten Hormonen in Sachen Zyklusgesundheit. Es gibt hierbei verschiedene Wege, wie du deine Hormonwerte testen lassen kannst: Bluttest, Speicheltest, Urintest, DUTCH-Test oder ein laborfreier Symptomtest.

Welcher Test dabei der beste ist, lässt sich nicht generell sagen. Denn es kommt immer darauf an, was man denn eigentlich herausfinden möchte. Die wichtigsten Aspekte der verschiedenen Testarten stelle ich dir kurz vor:

Blutuntersuchung

Wenn du zu deiner Ärztin oder deinem Arzt gehst, weil du Probleme mit deinem Zyklus hast, werden sie wahrscheinlich einen Bluttest vorschlagen, um die Hormonspiegel zu überprüfen. Dieser Test ist praktisch für die Patientin, weil viele Hormone gleichzeitig getestet werden können.
Doch der Bluttest hat auch ein Problem: Er ist deutlich weniger akkurat als andere Testmethoden. Er erfasst all deine Hormone in einem

Gesamtwert. Das heißt, es wird nicht zwischen freien und gebundenen Hormonen unterschieden. Genau das ist aber wichtig, denn nur die freien Hormone helfen dir bei dem Versuch, einen genaueren Einblick in deinen Hormonstatus zu bekommen. Außerdem kann ein Bluttest nur in einer Arztpraxis durch geschultes Personal durchgeführt werden. Und: Für viele Menschen ist die Blutabnahme, die für den Test nötig ist, etwas unangenehm.

Speicheltest

Bei Heilpraktikern und Heilpraktikerinnen ist der Speicheltest oft im Einsatz. Neben akkuraten Infos zu den freien Hormonen bietet er noch weitere Vorteile: Dir wird dafür kein Blut abgenommen. Du kannst dir den Speicheltest rezeptfrei nach Hause bestellen, dort selbst durchführen und dann einfach in ein Labor zur Auswertung schicken. Dafür gibt es im Internet von verschiedenen Anbietern Testkits für zu Hause.
Doch auch der Speicheltest hat Nachteile: Du musst genau darauf achten, wann du welches Hormon testest. Zudem gibt es viele Vorgaben rund um Aspekte wie Essen, Trinken, Zähneputzen oder Kaugummikauen vor dem Test. Die Kosten für den Test werden zudem nicht von der Krankenkasse übernommen, du musst ihn also komplett selbst bezahlen.

Analyse des Urins

Neben Blut und Speichel gibt es noch die Option, den Urin untersuchen zu lassen. Dieser Test ist relativ unpraktisch, da man eine 24-Stunden-Sammlung dafür benötigt, was in der Regel sehr schwer umsetzbar für die Patientin ist. Der Urintest kann zwar helfen, eine Cortisolkurve zu ermitteln, aber die Information ist dabei meist nicht besonders spezifisch und aussagekräftig. Allerdings kann ein Urintest dabei helfen, verschiedene hormonelle Abbauprodukte zu ermitteln. Diese Informationen können durchaus hilfreich sein, wenn es um das Thema Fruchtbarkeit geht.

Erweitert: der DUTCH-Test

Relativ unbekannt ist in Deutschland der sogenannte DUTCH-Test. DUTCH steht dabei für »Dried Urine Test for Comprehensive Hormones«. Hierbei werden fünf Urinteststreifen im Laufe eines Tages und einer Nacht gesammelt, getrocknet und dann an den Testanbieter geschickt. Das ist handlicher als das Vorgehen des normalen Urintests.
Im DUTCH-Verfahren werden die Vorteile der anderen Tests – also Blut, Speichel und Urin – kombiniert, sodass man einen sehr umfassenden Überblick über sämtliche Sexualhormone sowie weitere wichtige Hormone erhält. Allerdings ist dieser Test in Deutschland schwer erhältlich. Zudem ist er recht teuer und bedarf einer komplizierten Auswertung, die man als Laie kaum nachvollziehen kann.

Das Problem bei all diesen Tests: Sie können schnell unbrauchbar oder wenig beziehungsweise gar nicht aussagekräftig sein. Das gilt etwa, wenn du deinen Zyklus nicht trackst und daher nicht weißt, an welchem Zyklustag getestet wurde. Oder wenn du keinen Zyklus hast, hormonell verhütest oder vor weniger als 6 Monaten die hormonelle Verhütung abgesetzt hast.

MEIN FAVORIT: NACH DEN SYMPTOMEN FRAGEN

Vor diesem Hintergrund bevorzuge ich eine weitere Möglichkeit. Hier kommt mein persönlicher Lieblingstest ins Spiel, denn er ist einfach sowie kostenlos und hat trotzdem eine gewisse Aussagekraft: der Symptomtest. Ich habe ihn während meiner Ausbildung am Institute for Integrative Nutrition (IIN) kennengelernt.
Du findest einen solchen Test auf der nächsten Seite: Hier kannst du deinen persönlichen Hormon-Check-up ermitteln. Dieser Test sagt dir auf Basis deiner Symptome, welches hormonelle Problem sich höchstwahrscheinlich dahinter verbergen kann. Diese Tests sind ein ausgezeichneter erster Hinweis dafür, an welcher Stelle du vielleicht genauer hinsehen solltest.

DEIN HORMON-CHECK-UP

Du kannst hier acht Fragen lesen, bei denen jeweils eine Antwort anzukreuzen ist. Notiere dir, was auf dich zutrifft, und sammle damit die »Buchstaben«. Wie du die Antworten auswertest, steht am Ende des Tests.

WELCHE DER FOLGENDEN SYMPTOME TRETEN BEI DIR AUF?

A: Schmerzen beim Eisprung
B: Gesichtsbehaarung
C: Keine Periode oder unregelmäßige Periode
D: Zystische Brüste
E: Angstgefühle

WAS TRIFFT AM EHESTEN AUF DEINE PERIODE ZU?

A: Starke Periode
B: Unregelmäßige Periode
C: Ausbleibende Periode
D: Schmierblutungen vor der Periode
E: Immer verspätet

GENERELL FÜHLST DU DICH AM EHESTEN …?

A: ängstlich
B: gereizt
C: niedergeschlagen
D: Das schwankt total
E: gestresst

HAUTUNREINHEITEN HABE ICH…?

A: hauptsächlich am Hals
B: überall
C: um den Mund herum
D: Ich habe keine Hautunreinheiten
E: entlang des Kiefers

MEINE HAUT IST AUCH…?

A: oft gerötet
B: ölig
C: trocken und dünn
D: farblos
E: fettig

WIE STEHT ES UM DEINE FIGUR UND DEIN GEWICHT?

A: Ich nehme vor allem an Hüften, Beinen und Po zu
B: Ich habe überall zu viel Fettgewebe
C: Mein Gewicht ist kein Problem
D: Ich habe keine Gewichtsprobleme, aber fühle mich aufgedunsen
E: Ich nehme immer am Bauch zu

WENN ICH MEINE STIMMUNGEN ERKLÄREN MÜSSTE, WÄRE SIE AM EHESTEN WIE?

A: Weinerlichkeit, PMS und Ängste
B: Aggressivität, Reizbarkeit
C: Depressive Verstimmungen, Trägheit
D: Innere Unruhe, häufige Stimmungsschwankungen
E: Gestresst, gereizt, wütend oder nervös

MEINE LIBIDO LÄSST SICH AM BESTEN WIE BESCHREIBEN ...?

A: In Ordnung, mal mehr, mal weniger
B: Ich habe immer Lust
C: Sex tut mir weh, darum habe ich keinen
D: Eher gering, meine Libido ist niedrig
E: Meine Lust ist sehr gering und meine Vagina ist trocken

Summe

Wie viele Kreuze hast du bei den Buchstaben gesetzt?

_____ Kreuze bei Kategorie A: Östrogen-Dominanz

_____ Kreuze bei Kategorie B: Überschuss an Androgenen

_____ Kreuze bei Kategorie C: Mangel an Östrogen

_____ Kreuze bei Kategorie D: Mangel an Progesteron

_____ Kreuze bei Kategorie E: Überschuss an Cortisol

Auswertung

Wo hast du die meisten zutreffenden Punkte?

Du hast einen Buchstaben 0- oder 1-mal angekreuzt?
Dann ist das Hormonproblem dieser Kategorie wahrscheinlich nicht für deine Beschwerden verantwortlich.
Du hast bei einem Buchstaben 2–4 Kreuze gesetzt?
Dann solltest du diesem Bereich mehr Aufmerksamkeit schenken.
Du hast mehr als 5 Kreuze bei demselben Buchstaben gesetzt?
Dann hast du deinen Unruhestifter gefunden! Es ist wahrscheinlich, dass dieses Hormonproblem deine Beschwerden verursacht.

Wenn du bei mehreren Kategorien (z. B. bei Kategorie A und C) mehr als 2 Punkte angekreuzt hast, wundere dich nicht: Ein Hormonproblem kommt selten allein. Das ist wie bei einem Mobile: Ziehst du an einer Schnur, wackelt meist das ganze Gebilde. Lies dir also die Infos bei beiden Kategorien durch.

Das ist dein Startpunkt. Halte dir dein Ergebnis am besten irgendwo fest, wo du es schnell wiederfindest. Kontrolliere nach mindestens 3 Monaten mit Zyklusfoods (so lange braucht dein Zyklus, um erste Veränderungen umzusetzen), welche Symptome sich vielleicht verändert oder gebessert haben. Wiederhole dazu den Test einfach noch einmal!

FRAUENKRÄUTER – KLEINE ZYKLUSHELFER

Neben der zyklischen Ernährung mit reichlich Zyklusfoods gibt es auch einige Heilkräuter, die dich bei hormonellen Problemen gezielt unterstützen können und dir so dabei helfen, deinen Zyklus wieder in Balance zu bringen. Lege dir am besten eine kleine Kräuterapotheke für zu Hause an, damit du immer das richtige Heilkraut zur Hand hast, sobald Beschwerden auftreten.

FÜR DIE HAUSAPOTHEKE

Es gibt auch fertige Tees in Reformhäusern und Bioläden, die speziell auf Frauen zugeschnitten sind. Heilkräftiger sind in der Regel jedoch die reinen getrockneten Kräuter aus der Natur. Einige Kräuter kannst du selbst sammeln und zu Hause trocknen. Andere wie Rosmarin könnten auch einfach Teil deiner Balkonkräuter werden. Das sind meine sechs liebsten Kräuter, die meiner Meinung nach in jede gute heimische Zyklusapotheke gehören:

1. Frauenmantel (Alchemilla)

Diese Pflanze ist das ultimative Universalheilkraut für Frauen – du kannst es in jeder Zyklusphase anwenden. In der Follikel- und Eisprungphase regt Frauenmantel den Eisprung an und verbessert die Fruchtbarkeit. In der Lutealphase unterstützt die Heilpflanze eine gesunde Progesteronproduktion, gleicht Beschwerden mit PMS aus und beugt auch schon Periodenproblemen in der nächsten Zyklusphase vor. Frauenmantel hilft zudem, eine starke oder schmerzhafte Periode angenehmer zu machen – wichtig für Endometriose-Patientinnen. Auch wer rund um den Eisprung unter dem sogenannten Mittelschmerz leidet, kann Frauenmantel einsetzen. Und selbst bei Schwangerschaften kann Frauenmantel unterstützende Wirkung haben, da er die Durchblutung der Plazenta verbessert.
Du siehst – es ist der perfekte Allrounder!

2. Schafgarbe (Achillea)

Die Schafgarbe ist ein wunderbares Helferlein, wenn deine Periode Ärger macht. Sie gleicht sehr starke oder lange Blutungen aus, sodass sich deine Menstruation wieder reguliert. Schafgarbe reduziert Krämpfe und Entzündungen, was sie auch zu einem großartigen Kraut für schmerzhafte Perioden ebenso wie für PMS macht. Darüber hinaus kann sie zur Unterstützung des PCO-Syndroms eingesetzt werden und Blasenentzündungen lindern – sowohl von innen als Tee als auch äußerlich als Sitzbad. Schafgarbenöl wird in der Naturheilkunde als Mittel gegen Vaginalpilz eingesetzt, da es den Juckreiz lindert und Bakterien bekämpft.

3. Mariendistel (Silybum marianum)

Diese stachelige Pflanze hat eine Reihe guter Eigenschaften vorzuweisen: Sie gilt als menstruationsfördernd, was besonders bei einer ausbleibenden oder unregelmäßigen Periode hilfreich ist. Darüber hinaus bietet die Mariendistel eine erstklassige Unterstützung für die Leber. Sie wirkt sowohl schützend als auch regenerierend auf das zentrale Organ und kann so dazu beitragen, die Entgiftung zu verbessern. Das ist besonders von Vorteil, wenn du im Alltag oft mit hormonstörenden Stoffen zu tun hast oder an einer Östrogendominanz leidest.

4. Rosmarin (Salvia rosmarinus)

Rosmarin bringt den Körper in Schwung: Die Pflanze verbessert den Eisprung, erhöht die Fruchtbarkeit und regt die Menstruation an – ideal für Frauen mit unregelmäßigen Zyklen oder einer ausbleibenden Periode. Rosmarin wirkt zudem leicht stimulierend auf die Libido, facht den Kreislauf an und gilt als guter Wachmacher – und das ganz ohne Koffein. Versuch doch mal, deinen morgendlichen Kaffee gegen einen Rosmarin-Kräutertee zu tauschen, um den Körper auf sanfte Art zu stimulieren.

5. Shatavari (Asparagus racemosus)

Diese Pflanze ist vor allem in der Heilkunde des Ayurveda sehr beliebt und bedeutet übersetzt so viel wie »die, welche hundert Männer hat«. Der Name macht deutlich, was die Besonderheit der Shatavari ist: Sie wirkt sehr stimulierend auf die weibliche Libido und Fruchtbarkeit. Aber sie kann noch mehr: Shatavari wird in der Pflanzenheilkunde auch gegen Blasenentzündungen eingesetzt, wirkt krampflösend während der Menstruation und kann bei Frauen nach der Geburt die Milchbildung anregen.

6. Hirtentäschelkraut (Capsella bursa-pastoris)

Wie auch die Schafgarbe ist das Hirtentäschel ein hervorragender Blutstiller. Die Pflanze ist bereits seit der Antike gegen Gebärmutterleiden im Einsatz, im Mittelalter erkannte man seine blutstillende Wirkung. Darum ist diese Heilpflanze vor allem für Frauen hilfreich, die an einer sehr starken Monatsblutung leiden.

KRÄUTER SELBST SAMMELN

Bitte beachte: Das Sammeln von Kräutern ist nur an ungenutzten Flächen wie Wegrändern oder Waldwiesen erlaubt, nicht in Privatgärten oder Naturschutzgebieten. Am besten sollten auch keine stark genutzten Autostraßen oder gedüngte Ackerflächen in der Nähe sein. Ideal ist ein trockener Tag, du schneidest die Stängel möglichst weit unten ab und schüttelst die Kräuter etwas, damit sie von Schmutz und Insekten befreit werden. Lieber nicht waschen, da die Kräuter sonst verfaulen können und länger zum Trocknen benötigen.
Zur schonenden Trocknung an der Luft schnürst du mit Bast kleine Bündel und hängst sie kopfüber in einem trockenen, staubfreien und gelüfteten Raum mit 20–30° 24 bis 48 Std. auf. Die getrockneten Kräuter von den Stielen zupfen und in dunklen Gläsern aufbewahren.

MEINE LIEBSTEN ZYKLUS-TEES

Hier gebe ich dir noch einige Teerezepte an die Hand, die du für hormonelle Probleme einsetzen kannst. Für jede Zyklusphase findest du einen Vorschlag. Die Kräuter bekommst du getrocknet in der Apotheke, die Teemischungen kannst du auf Vorrat anlegen und in Dosen luftdicht aufbewahren.

PERIODE: TEE GEGEN MENSTRUATIONS-SCHMERZEN

Das brauchst du:
20 g getr. Frauenmantel
20 g getr. Gänsefingerkraut
10 g getr. Klatschmohnblüten
10 g getr. Schafgarbe

So geht's:
Pro Tasse 1 EL Kräuter in einem Tee-Ei oder Einmalteebeutel mit 250 ml kochend heißem Wasser übergießen. Ca. 15 Min. ziehen lassen, die Kräuter entfernen und den Tee nach Bedarf während der Periode trinken.

FOLLIKELPHASE: EISPRUNG-ANREGENDER TEE

Das brauchst du:
30 g getr. Frauenmantel
20 g getr. Rotklee
30 g getr. Himbeerblätter
30 g getr. Melisseblätter
So geht's:
Pro Tasse 1–2 EL Kräuter in einem Tee-Ei oder Einmalteebeutel mit 250 ml kochend heißem Wasser übergießen. 5–8 Min. ziehen lassen, die Kräuter entfernen und von dem Tee 3 Tassen täglich in der Follikelphase trinken.

EISPRUNGPHASE: LEBERTEE GEGEN ÖSTROGENDOMINANZ

Das brauchst du:
40 g getr. Mariendistelsamen
40 g getr. Löwenzahnwurzel
20 g getr. Artischockenblätter
20 g getr. Pfefferminze
So geht's:
Pro Tasse 1 TL Kräuter in einem Tee-Ei oder Einmalteebeutel mit 200 ml kochend heißem Wasser übergießen und nach ca. 10 Min. abseihen. In der Eisprungphase 3- bis 4-mal täglich 1 Tasse davon trinken.

LUTEALPHASE: ANTI-PMS-TEE

Das brauchst du:
40 g getr. Frauenmantel
40 g getr. Mönchspfeffer
30 g getr. Liebstöckel
30 g getr. Schafgarbe
20 g getr. Johanniskraut
20 g getr. Melisseblätter
20 g getr. Wolfstrapp
So geht's:
Pro Tasse 2 TL Kräuter in einem Tee-Ei oder Einmalteebeutel mit 200 ml kochend heißem Wasser übergießen. Ca. 10 Min. ziehen lassen, dann den Tee abgießen. In der Lutealphase täglich 2–3 Tassen davon trinken.

REZEPTE FÜR DEINEN ZYKLUS

Jetzt wird's praktisch: In diesem Kapitel bekommst du viele pflanzenbasierte und leckere Rezepte an die Hand, die dich in den verschiedenen Zyklusphasen mit all den Nährstoffen versorgen, die du gerade brauchst. Die Basis für die Rezepte sind hochwertige, frische Lebensmittel – am besten kaufst du sie unverpackt und in Bio-Qualität.

ZYKLUSFOOD IM ALLTAG

Zyklusfood steht für eine Ernährung, bei der wir vieles selbst zubereiten und möglichst wenig auf industriell gefertigte Lebensmittel oder Fertiggerichte setzen. Denn beide stecken voller Industriezucker, entzündungsfördernder Fette, Geschmacksverstärker, Farb-, Aroma- und Konservierungsstoffe. Das nährt uns nicht, sondern belastet nur unsere Ausscheidungsorgane und schadet der Hormonbalance.

ZYKLUSFOOD ZU HAUSE UND UNTERWEGS

Deshalb tu deiner Gesundheit einen Gefallen und koche mit möglichst unbehandelten, natürlichen Zutaten – auch, wenn das vielleicht einen Ticken länger dauert. Klar, auch ich habe weder die Zeit noch die Energie, jeden Tag in der Küche zu stehen. Deshalb koche ich immer gleich größere Portionen, damit ich mehrmals davon essen kann.
Meist nutze ich das Wochenende zum Meal-Prep und nehme mir zwei bis drei Stunden, um schon mal ein paar Gerichte für die Arbeitswoche vorzubereiten. Diese bewahre ich entweder in Glasboxen im Kühlschrank auf oder friere sie ein – so habe ich immer selbst gemachte »Fertiggerichte« zur Hand, wenn ich nach einem anstrengenden Tag hungrig nach Hause komme und es schnell gehen muss. Auch geschickte Kombinationen verkürzen die Kochzeit. Beispielsweise backe ich die Süßkartoffel für den Süßkartoffel-Pinto-Dip (s. S. 127) zeitgleich mit den Süßkartoffeln mit Chili-Mais (s. S. 144) – das spart Zeit und Energie.

Tipps für Unterwegs-Tage

Auch auf Reisen nehme ich mir kleine Leckereien mit, die mich von ungesunden Snacks abhalten – gut eignen sich der Farmersalat (s. S. 60) oder die Baked Oats (s. S. 122). Beim Essengehen schaue ich mir meist vorher die Speisekarte online an. Besonders gerne mag ich Asia-Lokale, weil es hier Gemüsegerichte mit Tofu oder Hülsenfrüchten gibt – das ist immer eine gute Wahl. Natürlich darfst du dir auch Burger oder Pizza gönnen – denn das Leben ist viel zu kurz, um sich selbst zu kasteien. Wenn ich diese Speisen wähle, bestelle ich mir aber immer Salat oder Gemüse dazu, damit mein Körper trotzdem genug Nährstoffe bekommt.

Nie hungrig zum Einkaufen

Daheim möchte ich nicht zu viel Ungesundes haben. Denn alles, was man daheim hat, wird auch gegessen – so kann man sich schnell ungünstige Gewohnheiten zulegen. Um zu vermeiden, dass zuckrige Süßspeisen oder fettige und salzige Snacks im Einkaufskorb landen, gehe ich nie hungrig einkaufen. Denn Hunger lässt mich schlechte Entscheidungen treffen – getreu dem Slogan für einen beliebten Süßigkeitenriegel: »Du bist nicht du, wenn du hungrig bist!«

MUST-HAVES FÜR DIE ZYKLUSKÜCHE

Damit das Kochen Spaß macht, sollte deine Küche gut ausgestattet sein. In vielen Fällen ist auch das Material wichtig, da sich sonst Hormonstörer einschleichen können. Hier ein Überblick über das wichtigste Equipment in meiner Küche:

Messer & Schneidbretter

Du kannst noch so motiviert sein. Wenn deine Messer von schlechter Qualität oder stumpf sind, wirst du länger zum Kochen brauchen und schnell genervt sein. Wichtig sind zudem Messer in verschiedenen Größen. Wer Messer hat, braucht auch Platz, um damit den Lebensmitteln zu Leibe zu rücken. Dafür eignen sich Bretter aus Naturmaterialien wie Holz, Bambus, Marmor und Schiefer in verschiedenen Formen und Großen. Hormonstörende Plastikbretter habe ich dagegen komplett aussortiert.

Pfannen

In vielen Küchen sind beschichtete Teflon-Pfannen im Einsatz – darüber freuen sich unsere Hormone gar nicht. Teflon ist der Markenname für PTFE (Polytetrafluorethylen) des Unternehmens DuPont bzw. später Chemours. Das Problem: Zur Herstellung von PTFE kommen sogenannte PFAS (engl. per- and polyfluoroalkyl substances, dt. per- und polyfluorierte Alkylverbindungen) zum Einsatz, die mit gesundheitlichen Problemen wie Unfruchtbarkeit, Diabetes, hohem Cholesterin, Insulinresistenz und verschiedenen Krebsarten in Verbindung gebracht werden. Die beiden bekanntesten Substanzen aus dieser Gruppe sind PFOA und PFOS – doch es gibt noch weitere.

Oft werben Pfannenhersteller damit, dass ihre Pfannen frei von PFOA oder PFOS sind. Das heißt jedoch nicht, dass nicht andere Formen von PFAS enthalten sind. Jede Form von chemischer Beschichtung ist tendenziell problematisch für die Hormone – auch wenn der Hersteller sie als umweltfreundlich und natürlich deklariert. Ich arbeite deshalb nur noch mit gusseisernen Pfannen. Diese müssen normalerweise zu Hause selbst eingebrannt werden – jedoch gibt es glücklicherweise auch Hersteller, welche die Pfannen schon eingebrannt verkaufen.

Mixer und Standmixer

Ein guter Mixer ist das A und O, damit Dips, Rohkost-Torten, Smoothies, Saucen und Suppen perfekt cremig werden. Der Invest in einen guten Mixer lohnt sich definitiv: Meinem großen Standmixer habe ich einen kleinen Personal Blender oder Blitzhacker an die Seite gestellt. Dieser hat neben der Mixklinge auch eine Mahlklinge, mit der sich Nüsse und Getreide schnell in Mehle verwandeln lassen. Perfekt auch, um Leinsamen daheim frisch zu schroten. Alternativ kannst du für nicht zu feste Lebensmittel auch mit dem Pürierstab in einem hohen Rührbecher arbeiten.

Aufbewahrung

Meine trockenen Lebensmittel bewahre ich in »Weck-Gläsern« und recycelten Schraubgläsern auf. Bereits gekochte Gerichte kommen in Glasbehälter, auch hier möchte ich Plastik weitgehend vermeiden. Brote wickle ich in Wachspapier aus Raps ein – dieses Material ist auch super, um offene Gefäße zu verschließen und so Frischhaltefolie überflüssig zu machen. Du siehst, es gibt mittlerweile eine große VIelfalt an naturbelassenen Küchenmaterialien!

EIN MONATSPLAN MIT ZYKLUSFOOD

Der Plan ist ein Vorschlag, wie du Rezepte für einen Monat kombinieren kannst. Die meisten Gerichte sind für 2 Personen. Am besten bereitest du immer gleich größere Portionen zu, so hast du für mehrere Tage schon ein Gericht fertig. Einmal kochen, mehrmals essen – achte auf das Meal-Prep-Symbol, das vor den Rezepten steht.

MENSTRUATIONSPHASE (TAG 1–5)

TAG 1:

Frühstück: Chia-Schoko-Pudding, s. S. 52
Mittagessen: Winter-Bowl mit Grünkohl, s. S. 58
Snack: Börek mit Spinat-Tofu-Füllung, s. S. 65
Abendessen: Buchweizen-Pasta mit Austernpilzen, s. S. 61

TAG 2:

Frühstück: Chia-Schoko-Pudding, s. S. 52
Mittagessen: Winter-Bowl mit Grünkohl, s. S. 58
Snack: Börek mit Spinat-Tofu-Füllung, s. S. 65
Abendessen: Buchweizen-Pasta mit Austernpilzen, s. S. 61

TAG 3:

Frühstück: Brot mit veganer Leberwurst, s. S. 51
Mittagessen: Schwarze-Bohnen-Chili mit Kakao, s. S. 55
Snack: Börek mit Spinat-Tofu-Füllung, s. S. 65
Abendessen: Schwarze-Bohnen-Chili mit Kakao, s. S. 55

TAG 4:

Frühstück: Brot mit veganer Leberwurst, s. S. 51

Mittagessen: Farmersalat mit Räuchertofu, s. S. 60
Snack: Börek mit Spinat-Tofu-Füllung, s. S. 65
Abendessen: Wildreis mit Lupinen-Chunks, s. S. 62

TAG 5:

Frühstück: Mini-Pancakes mit Brombeeren, s. S. 48
Mittagessen: Farmersalat mit Räuchertofu, s. S. 60
Snack: Börek mit Spinat-Tofu-Füllung, s. S. 65
Abendessen: Wildreis mit Lupinen-Chunks, s. S. 62

FOLLIKELPHASE (TAG 6–12)

TAG 6:

Frühstück: Amarantcreme mit Papaya und Joghurt, s. S. 70
Mittagessen: Asia-Nudelsalat mit Edamame, s. S. 84
Snack: Vegane Avocadobuttermilch, s. S. 90
Abendessen: Laksa-Suppe mit Basilikum-Tofu, s. S. 86

TAG 7:

Frühstück: Amarantcreme mit Papaya und Joghurt, s. S. 70
Mittagessen: Asia-Nudelsalat mit Edamame, s. S. 84
Snack: Vegane Avocadobuttermilch, s. S. 90
Abendessen: Laksa-Suppe mit Basilikum-Tofu, s. S. 86

TAG 8:

Frühstück: Avocadotoast mit Kokosspeck, s. S. 74
Mittagessen: Süßkartoffeln mit Quinoasalat, s. S. 78
Snack: Karamell-Keks-Riegel mit Maca-Pulver, s. S. 92
Abendessen: Grüne One-Pot-Pasta mit Spargel, s. S. 86

TAG 9:

Frühstück: Avocadotoast mit Kokosspeck, s. S. 74
Mittagessen: Süßkartoffeln mit Quinoasalat, s. S. 78
Snack: Karamell-Keks-Riegel mit Maca-Pulver, s. S. 92
Abendessen: Grüne One-Pot-Pasta mit Spargel, s. S. 86

TAG 10:

Frühstück: Vollkorntoast mit Miso-Erbsen-Aufstrich, s. S. 74
Mittagessen: Quinoa Campur, s. S. 82
Snack: Karamell-Keks-Riegel mit Maca-Pulver, s. S. 92
Abendessen: Tofupflanzerl mit Chicorée, s. S. 88

TAG 11:

Frühstück: Vollkorntoast mit Miso-Erbsen-Aufstrich, s. S. 73
Mittagessen: Quinoa Campur, s. S. 82
Snack: Nugattrüffel mit Leinsamen, s. S. 91
Abendessen: Tofupflanzerl mit Chicorée, s. S. 88

TAG 12:

Frühstück: Vollkorntoast mit Miso-Erbsen-Aufstrich, s. S. 73
Mittagessen: Asia-Gemüse-Fladen mit Currysauce, s. S. 87
Snack: Nugattrüffel mit Leinsamen, s. S. 91
Abendessen: Asia-Gemüse-Fladen mit Currysauce, s. S. 87

EISPRUNGPHASE (TAG 13–17)

TAG 13:

Frühstück: Rohes Apfel-Erdbeer-Porridge, s. S. 98
Mittagessen: Salat mit Linsen und Topinambur, s. S. 104
Snack: Frozen Rice Cakes mit Blaubeeren, s. S. 116
Abendessen: Ofenmandelkäse mit Tomatensalat, s. S. 106

TAG 14:

Frühstück: Rohes Apfel-Erdbeer-Porridge, s. S. 98
Mittagessen: Salat mit Linsen und Topinambur, s. S. 104
Snack: Frozen Rice Cakes mit Blaubeeren, s. S. 116
Abendessen: Ofenmandelkäse mit Tomatensalat, s. S. 106

TAG 15:

Frühstück: Vollkorntoast mit grünem Brokkoli-Hummus, s. S. 103
Mittagessen: Tomaten-Radieschen-Tabouleh, s. S. 110
Snack: Frozen Rice Cakes mit Blaubeeren, s. S. 116
Abendessen: Tofu-Wraps mit Mango-Salsa, s. S. 112

TAG 16:

Frühstück: Vollkorntoast mit grünem Brokkoli-Hummus, s. S. 103
Mittagessen: Tomaten-Radieschen-Tabouleh, s. S. 110
Snack: Erdbeershake-Törtchen, s. S. 118
Abendessen:Tofu-Wraps mit Mango-Salsa, s. S. 112

TAG 17:

Frühstück: Tropische Smoothie-Bowl, s. S. 102
Mittagessen: Tofu-Wraps mit Mango-Salsa, s. S. 112
Snack: Erdbeershake-Törtchen, s. S. 118
Abendessen: Edamame-Nudeln mit Carbonara-Sauce, s. S. 114

LUTEALPHASE (TAG 18–28)

TAG 18:

Frühstück: Baked Oats mit Birne und Vanille, s. S. 122
Mittagessen: Kichererbsen-Linsen-Salat, s. S. 140
Snack: Cookie-Dough-Dip mit Apfelspalten, s. S. 148
Abendessen: Mac and Cheese mit Blumenkohl, s. S. 138

TAG 19:

Frühstück: Baked Oats mit Birne und Vanille, s. S. 122
Mittagessen: Kichererbsen-Linsen-Salat, s. S. 140
Snack: Cookie Dough Dip mit Apfelspalten, s. S. 148
Abendessen: Mac and Cheese mit Blumenkohl, s. S. 138

TAG 20:

Frühstück: Baked Oats mit Birne und Vanille, s. S. 122
Mittagessen: Kichererbsen-Linsen-Salat, s. S. 140
Snack: Cookie Dough Dip mit Apfelspalten, s. S. 148
Abendessen: Lasagne mit Tomaten-Ricotta-Füllung, s. S. 142

TAG 21:

Frühstück: Sticky Oats mit Mandarine, s. S. 126
Mittagessen: Lasagne mit Tomaten-Ricotta-Füllung, s. S. 142

Snack: Kichererbsen-Nachos mit Cashewdip, s. S. 146
Abendessen: Süßkartoffeln mit Chili-Mais, s. S. 144

TAG 22:

Frühstück: Sticky Oats mit Mandarine, s. S. 126
Mittagessen: Kürbis-Bowl mit Cashew-Feta-Creme, s. S. 136
Snack: Kichererbsen-Nachos mit Cashewdip, s. S. 146
Abendessen: Süßkartoffeln mit Chili-Mais, s. S. 144

TAG 23:

Frühstück: Frühstücks-Frittata, s. S. 124
Mittagessen: Kürbis-Bowl mit Cashew-Feta-Creme, s. S. 136
Snack: Kichererbsen-Nachos mit Cashewdip, s. S. 146
Abendessen:Röstkartoffeln mit Kräuterseitlingen, s. S. 132

TAG 24:

Frühstück: Frühstücks-Frittata, s. S. 124
Mittagessen: Kürbis-Bowl mit Cashew-Feta-Creme, s. S. 136
Snack: Weiße-Schoko-Macadamia-Tarte, s. S. 150
Abendessen: Röstkartoffeln mit Kräuterseitlingen, s. S. 132

TAG 25:

Frühstück: Spargel-Bagels mit veganem Omelett, s. S. 128
Mittagessen: Chana Masala mit Kichererbsen, s. S. 141
Snack: Weiße-Schoko-Macadamia-Tarte, s. S. 150
Abendessen: Röstkartoffeln mit Kräuterseitlingen, s. S. 132

TAG 26:

Frühstück: Spargel-Bagels mit veganem Omelett, s. S. 128
Mittagessen: Chana Masala mit Kichererbsen, s. S. 141
Snack: Weiße-Schoko-Macadamia-Tarte, s. S. 150
Abendessen: Kürbis-Reis-Bällchen mit Möhrensalat, s. S. 134

TAG 27:

Frühstück: Vollkornbrot mit Süßkartoffel-Pinto-Dip, s. S. 127
Mittagessen: Chana Masala mit Kichererbsen, s. S. 141
Snack: Weiße-Schoko-Macadamia-Tarte, s. S. 150
Abendessen: Vegane Blumenkohlkäsesuppe, s. S. 135

TAG 28:

Frühstück: Vollkornbrot mit Süßkartoffel-Pinto-Dip, s. S. 127
Mittagessen: Kürbis-Reis-Bällchen mit Möhrensalat, s. S. 134
Snack: Golden Milk mit Pflanzendrink, s. S. 149
Abendessen: Vegane Blumenkohlkäsesuppe, s. S. 135

MENSTRUATION – DER WINTER

Mit jeder Menstruation beginnt ein neuer Zyklus – daher steht diese Phase für deinen körperlichen Neuanfang. Nutze die Zeit, um innezuhalten, zu reflektieren und deine Batterien wieder aufzuladen. Damit du voller Kraft in den neuen Zyklus starten kannst, findest du hier passende Rezepte.

MINI-PANCAKES MIT BROMBEEREN

Die kleinen Pfannkuchen sind der perfekte Start ins Wochenende: Das Buchweizenmehl verleiht ihnen den dunkleren Ton, das Reismehl macht sie außen extrem knusprig. Ideal in Kombi mit der samtigen Brombeer-Chia-Konfitüre!

Für die Pancakes:
180 g Hirsemehl
135 g Buchweizenmehl
120 g Reismehl
3 TL Backpulver
2 Prisen Salz
700 ml ungesüßter Reisdrink
60 ml Ahornsirup
3 EL Olivenöl
natives Kokosöl zum Ausbacken
einige Minzeblätter zum Garnieren

Für die Konfitüre:
230 g Brombeeren
25 g Chia-Samen
50 ml Ahornsirup
1 TL Zitronensaft

Für 4 Personen
Zubereitung: 20 Min.

1 Für die Pancakes die trockenen Zutaten in eine Rührschüssel sieben, um später Klümpchenbildung zu vermeiden, und gut mischen. Reisdrink, Ahornsirup und Olivenöl in einer weiteren Schüssel gut verrühren und zu den trockenen Zutaten geben. Alles mit einem Schneebesen gründlich mischen und kurz quellen lassen.

2 Für die Konfitüre inzwischen die Brombeeren verlesen, waschen und trocken tupfen. Dann mit Chia-Samen, Sirup und Zitronensaft in einen kleinen Topf geben und kurz aufkochen. Die Temperatur reduzieren und die Beerenmischung bei kleiner Hitze noch so lange offen köcheln lassen, bis die Beeren zerfallen und die Mischung eindickt – das dauert 10–15 Min. Vom Herd nehmen und abkühlen lassen.

3 Für die Pancakes währenddessen in einer Pfanne jeweils etwas Kokosöl erhitzen und nebeneinander mehrere Portionen à 1 EL Teig hineinsetzen. Die Pancakes bei mittlerer Hitze 1–2 Min. anbacken, dann wenden und nochmals 1–2 Min. backen. Herausnehmen und warm halten. Aus dem restlichen Teig weitere Pancakes ausbacken, dabei immer wieder Kokosöl nachgeben.

4 Zum Servieren die Pancakes noch warm mit der Brombeerkonfitüre auf Tellern anrichten und mit frischer Minze toppen.

Menstruation

SONNENBLUMEN-HANF-AUFSTRICH

Der Aufstrich ist fix gemacht, du musst lediglich Kerne und Tomaten über Nacht einweichen, den Rest erledigt der Mixer. Ich habe die Zutaten dafür immer zu Hause und kann mir den Aufstrich so jederzeit zaubern, wenn mich danach gelüstet.

150 g Sonnenblumenkerne
100 g getr. Tomaten
2 Knoblauchzehen
2 EL geschälte Hanfsamen
1 Bund Basilikum
7 grüne Oliven (entsteint)
4 EL ungesüßter Sojadrink
3 EL Olivenöl
2 EL Tomatenmark
1 TL Reissirup
½ TL getr. Oregano
Salz

Für 2 Personen
Zubereitung: 10 Min.
Einweichen: 8 Std.
(über Nacht)

1 Am Vorabend die Sonnenblumenkerne in einer Schüssel mit Wasser übergießen und ca. 8 Std., am besten über Nacht, einweichen. Die getrockneten Tomaten in einer zweiten Schüssel ebenfalls mit Wasser bedeckt über Nacht einweichen.

2 Am nächsten Tag den Knoblauch schälen. Das Basilikum waschen, trocken tupfen und die Blätter abzupfen. Die Sonnenblumenkerne in ein Sieb abgießen, abbrausen und abtropfen lassen. Danach in den Mixer geben. Die eingeweichten Tomaten ebenfalls in ein Sieb abgießen und abtropfen lassen, dabei 2 EL Einweichwasser auffangen. Tomaten und Einweichwasser in den Mixer dazugeben.

3 Alle restlichen Zutaten – bis auf das Salz – hinzufügen und zu einem cremigen Dip pürieren. Den Aufstrich mit Salz abschmecken und zum Frühstück genießen. Er passt gut auf Vollkorn- oder Knäckebrot aus Roggenmehl und hält sich im Kühlschrank ca. 1 Woche.

Dein Zyklusfood-Tipp:

Sonnenblumenkerne sind extrem reich an Vitamin E. Das fettlösliche Vitamin gilt als hervorragende Unterstützung, um Regelschmerzen zu lindern. Zudem liefern die kleinen Kerne eine Menge Magnesium – einen Mineralstoff, der ebenfalls entspannend und entkrampfend auf unseren Unterleib wirkt.

VEGANE LEBERWURST AUS BOHNEN

Hin und wieder lasse ich das Kochen abends ausfallen und mache lieber eine kalte Brotzeit. Die vegane Streichwurst passt perfekt dazu und schmeckt auf frischem Sauerteigbrot mit ein paar milchsauer eingelegten Essiggurken und Zwiebelringen.

1 Zwiebel
1 EL natives Kokosöl
1 Glas Kidneybohnen (ca. 200 g Abtropfgewicht)
150 g geräucherter Tofu
2 TL Sojasauce
60 ml Olivenöl
2 TL getr. Majoran
1 TL geräuchertes Paprikapulver
Salz, Pfeffer

Für 2 Personen
Zubereitung: 10 Min.

1 Die Zwiebel schälen und fein würfeln. Das Öl in einer Pfanne erhitzen und die Zwiebel darin bei mittlerer Hitze 2–3 Min. anbraten, bis sie glasig ist. Vom Herd nehmen und beiseitestellen.

2 Die Bohnen in einem Sieb abbrausen und abtropfen lassen. Den Tofu grob zerkleinern. Alle Zutaten mit 90 ml Wasser sowie der angebratenen Zwiebel in den Mixer geben und fein pürieren.

3 Die vegane Leberwurst mit Salz und Pfeffer abschmecken und sofort servieren. Schmeckt super als Brotaufstrich, zum Beispiel mit einer Essiggurke darauf. Im Kühlschrank hält sie sich ca. 1 Woche.

Dein Zyklusfood-Tipp:

Kidneybohnen und Tofu sind ausgezeichnete Eiweißlieferanten – und Eiweiß benötigst du während deiner Periode, um neue Hormone produzieren zu können. Dazu versorgen dich die Hülsenfrüchte mit einer guten Portion Mikronährstoffe, unter anderem dem Spurenelement Eisen. So tragen sie dazu bei, Eisenverluste während der Blutung wieder auszugleichen.

CHIA-SCHOKO-PUDDING

Dein Darm kommt morgens ohne Koffein nicht in Schwung? Dann ist der Pudding genau das richtige Frühstück für dich! Chia-Samen verfügen über ein hohes Quellvermögen, regen so die Darmtätigkeit an und verhindern Verstopfungen.

1 reife Banane
270 ml ungesüßter Haselnussdrink
4 EL Chia-Samen
2 EL Roh-Kakaopulver (aus dem Bioladen)
1 EL geschälte Hanfsamen

Für 2 Personen
Zubereitung: 5 Min.
Quellen: 8 Std. (über Nacht)

1 Am Vorabend die Banane schälen und in einer kleinen Schüssel mit einer Gabel zerdrücken. Die restlichen Zutaten hinzufügen und gründlich untermischen. Den Pudding auf Gläser verteilen und im Kühlschrank ca. 8 Std., am besten über Nacht, quellen lassen.

2 Am nächsten Tag den Chia-Pudding aus dem Kühlschrank nehmen und gekühlt zum Frühstück genießen. Dazu passen auch noch frische Himbeeren oder Kirschen.

Dein Zyklusfood-Tipp:

Chia-Samen stecken voller Omega-3-Fettsäuren, was hilfreich für die Periode ist. Sie reduzieren nämlich Regelschmerzen und andere Beschwerden. Dazu liefern sie viel Eiweiß, das dein Körper braucht, um die Hormonproduktion von Neuem zu starten. Gerade für die Periode ist das extrem hilfreich, da Omega-3-Fettsäuren Regelschmerzen und andere Beschwerden in dieser Zeit stark reduzieren können.

CHAMPIGNON-KOKOS-SUPPE

Wärme ist das, wonach sich viele von uns in dieser Zyklusphase sehnen: eine Wärmflasche auf dem Bauch, weiche Socken an den Füßen und am besten eine kuschelige Decke. Die Suppe liefert wohltuende Wärme von innen!

1 Zwiebel
2 Knoblauchzehen
450 g Champignons
2 EL natives Kokosöl
1 TL getr. Thymian
1 TL getr. Oregano
½ TL getr. Majoran
½ TL edelsüßes Paprikapulver
1 TL Salz
½ TL Pfeffer
1 l vegane Gemüsebrühe
½ Dose Kokosmilch (ca. 200 g)
etwas Zitronensaft zum Abschmecken

Für 3–4 Personen
Zubereitung: 40 Min.

1 Zwiebel und Knoblauch schälen und fein würfeln. Die Champignons putzen, bei Bedarf mit einem Tuch abreiben und in Scheiben schneiden. Das Öl in einem großen Topf erhitzen und Zwiebel und Knoblauch darin bei mittlerer Hitze ca. 3 Min. anbraten, bis sie weich sind. Die Champignons dazugeben und ca. 2 Min. garen.

2 Alles mit Thymian, Oregano, Majoran, Paprika, Salz und Pfeffer würzen und die Gewürze gut untermischen. Die Pilze noch ca. 5 Min. braten, danach die Brühe dazugießen und alles kurz aufkochen. Die Suppe zugedeckt bei kleiner Hitze noch ca. 20 Min. köcheln lassen. Anschließend die Kokosmilch hinzufügen und alles noch ca. 5 Min. weiterkochen.

3 Zuletzt die Suppe im Mixer je nach gewünschter Cremigkeit pürieren (alternativ mit dem Pürierstab arbeiten). Mit etwas Zitronensaft und Salz abschmecken und sofort in tiefen Tellern servieren. Die Suppe lässt sich sehr gut in geeigneten Gefäßen einfrieren.

Dein Zyklusfood-Tipp:

Lust auf ein knuspriges Suppentopping, das gleichzeitig Krämpfe lindern kann? Dann röste doch 1 Handvoll Sonnenblumenkerne in einer Pfanne ohne Fett bei kleiner Hitze leicht an und schwenke sie dabei ab und zu hin und her. Meist dauert es nur ein paar Minuten, bis sie eine leicht bräunliche Färbung bekommen und ein leckeres Röstaroma verströmen. Danach einfach über die Suppe streuen!

SCHWARZE-BOHNEN-CHILI MIT KAKAO

Schon die alten Mayas wussten: Chili und Kakao – das harmoniert einfach perfekt! Bei hohen Festen tranken sie »Xocolatl«, ein Kakaogetränk, gewürzt mit Chili. Diese spannende Geschmackskombination nutze ich auch in meinem Eintopf.

250 g geräucherter Tofu
2 Zwiebeln
200 g schwarze Bohnen (aus dem Glas)
150 g Mais (aus dem Glas)
2 EL natives Kokosöl
200 g Tomatenmark
3 EL Ahornsirup
1 TL getr. Oregano
½ TL gemahlener Kreuzkümmel
½ TL Chilipulver
1 TL Salz
½ TL Pfeffer
400 ml stückige Tomaten (aus dem Glas)
2 TL Roh-Kakaopulver (aus dem Bioladen)

Für 4 Personen
Zubereitung: 20 Min.

1 Den Räuchertofu mit einer Gabel grob zerbröseln. Die Zwiebeln schälen und fein würfeln. Die Bohnen und den Mais in einem Sieb abbrausen und abtropfen lassen.

2 Das Kokosöl in einer Pfanne erhitzen und den Tofu darin bei mittlerer bis großer Hitze ca. 2 Min. unter Wenden anbraten. Die Zwiebeln dazugeben und weitere 5 Min. braten. Tomatenmark, Ahornsirup, Oregano, Kreuzkümmel, Chilipulver, Salz und Pfeffer hinzufügen und alles ca. 3 Min. mitrösten.

3 Anschließend die stückigen Tomaten, Bohnen und Mais untermischen und das Chili nochmals aufkochen. Zum Servieren den Kakao einrühren und das Chili auf tiefen Tellern oder Schalen anrichten. Das Gericht pur essen oder mit Naturreis oder Kartoffeln kombinieren.

Dein Zyklusfood-Tipp:

Für das Chili verwende ich rohes Kakaopulver aus dem Bioladen, da dieses deutlich mehr Nährstoffe als behandeltes Kakaopulver enthält. Es ist insbesondere reich an dem Mineralstoff Magnesium, der während deiner Periode Regelschmerzen und Krämpfe lindern kann.

DEIN ZYKLUSFOOD IM WINTER

Während der Menstruation wollen wir verloren gegangene Mineralstoffe wieder auffüllen, Entzündungen hemmen und Periodenbeschwerden reduzieren. Dabei helfen dir diese Zyklusfoods:

GEMÜSE

Algen (Nori, Dulse, Kelp, Kombu, Hijiki, Wakame), Bärlauch, Feldsalat, Fenchel, Grünkohl, Kartoffeln, Kürbis, Mangold, Pilze, Portulak, Rote Bete, Rotkohl, Spinat

OBST

Bananen, Brombeeren, Himbeeren, Holunderbeeren, Johannisbeeren, Limette, Pampelmuse, Stachelbeeren, Sweetie, Weintrauben, Zitrone

(PSEUDO-)-GETREIDE

Buchweizen, Emmer, Hirse, Naturreis, Vollkornweizen, Wildreis

HÜLSENFRÜCHTE

Dicke Bohnen, Kidneybohnen, Lima-Bohnen, Lupinen, schwarze Bohnen, Tempeh, Tofu

NÜSSE UND ÖLE

Algenöl, Hanfsamen und Hanföl, Mohnsamen, Paranusskerne, Sesam, Sonnenblumenkerne, Walnusskerne

SONSTIGES

Algenpulver (Spirulina, Chlorella), Anis, Chaga, Cordyceps, Fenchelsamen, Ginseng, Igelstachelbart, Ingwer, Kurkuma, Maca, Nelken, Reishi, Roh-Kakaopulver

In dieser Zyklusphase frösteln viele Frauen oder sehnen sich mehr nach Wärme. Darum ist es sinnvoll, dass du jetzt nicht zu viel Rohkost isst, sondern lieber auf wärmende Gerichte wie Eintöpfe, Currys, warme Bowls oder reichhaltige Suppen setzt. Tipp: Gib Gewürze wie Ingwer oder Kurkuma – egal, ob frisch oder getrocknet – dazu. Sie verstärken den wärmenden Effekt eines Gerichts und können zugleich dabei helfen, Periodenbeschwerden zu reduzieren.

WINTER-BOWL MIT GRÜNKOHL

Die Bowl ist meine erste Wahl für lange Tage, an denen der Hunger groß ist und das Essen schnell gehen muss. Das Einzige, was du tun musst, ist Reis kochen und Dressing mixen – schon steht ein köstliches und nährstoffreiches Gericht parat.

Für das Dressing:
2 EL Sonnenblumenkerne
120 ml Olivenöl
Saft von 1 Zitrone
2 Knoblauchzehen
1 ½ EL Tahin (Sesampaste)
3 EL gehackte Petersilie
3 EL Hefeflocken
Salz

Für die Bowl:
185 g Naturreis
Salz
100 g Grünkohl
200 g schwarze Bohnen (aus dem Glas)
2 EL Sonnenblumenkerne

Für 2 Personen
Zubereitung: 40 Min.
Quellen: 2 Std.

1 Für das Dressing die Sonnenblumenkerne in einer Schüssel mit Wasser bedecken und ca. 2 Std. einweichen (alternativ in heißem Wasser ca. 20 Min. einweichen). Für die Bowl inzwischen den Reis in einem Sieb abbrausen. Dann mit 550 ml Wasser in einen Topf geben und darin ca. 10 Min. einweichen. Danach 1 Prise Salz hinzufügen, den Reis zugedeckt einmal aufkochen und bei mittlerer Hitze in ca. 30 Min. bissfest garen, vom Herd nehmen.

2 Währenddessen den Grünkohl gründlich waschen, trocken schleudern und in mundgerechte Stücke zupfen. Die Bohnen in einem Sieb abbrausen und abtropfen lassen. Die Sonnenblumenkerne in einer Pfanne ohne Fett hell rösten, herausnehmen und abkühlen lassen.

3 Für das Dressing die eingeweichten Sonnenblumenkerne in ein Sieb abgießen und abtropfen lassen. Dann mit den übrigen Zutaten für das Dressing in den Mixer geben und so lange mixen, bis eine cremige Textur entstanden ist. Zum Servieren gegarten Reis, Grünkohl und Bohnen auf Schalen (Bowls) verteilen und mit dem Dressing beträufeln. Zuletzt mit den gerösteten Sonnenblumenkernen bestreuen.

Dein Zyklusfood-Tipp:

Grünkohl enthält verhältnismäßig viel Eisen für eine Pflanze. Damit wir das Eisen optimal aufnehmen, am besten immer etwas Vitamin-C-Haltiges dazu essen oder trinken. Als Blattgemüse schmeckt Grünkohl köstlich, solange man richtig mit ihm umgeht: Er braucht eine Massage. Nach dem Waschen in Stücke zupfen, mit etwas Öl beträufeln und einige Minuten durchkneten. So entstehen fast butterweiche Blätter.

FARMERSALAT MIT RÄUCHERTOFU

Der Salat entpuppt sich als echter Partyhit! Wichtig ist der richtige Räuchertofu, die Aromen variieren stark. Eventuell musst du dich durch ein paar Sorten testen, bis du eine gut geräucherte Sorte findest. Im Notfall helfen immer Rauchsalz und Sojasauce!

700 g festkochende Kartoffeln
1 Zwiebel
250 g geräucherter Tofu
½ Spitzkohl
230 g Kirschtomaten
10 Essiggurken (mit 3 EL Gurkeneinlegewasser)
1 ½ EL natives Kokosöl
3 EL Olivenöl
2 Prisen Rauchsalz (nach Belieben)
2 EL Sojasauce (nach Belieben, bei sehr mildem Räuchertofu)
3 EL Apfelessig
2 ½ EL vegane Mayonnaise
Salz, Pfeffer

Für 4 Personen
Zubereitung: 50 Min.

1 Die Kartoffeln gründlich waschen und samt Schale in einem Topf in Wasser in ca. 40 Min. weich garen. Währenddessen die Zwiebel schälen und fein würfeln. Den Tofu in Würfel schneiden. Den Spitzkohl waschen, halbieren und den harten Strunk entfernen, den Kohl in feine Streifen schneiden. Die Tomaten waschen und vierteln. Die Essiggurken längs halbieren und in Scheiben schneiden.

2 In einer Pfanne 1 EL Kokosöl erhitzen und die Zwiebel darin bei mittlerer Hitze ca. 2 Min. anbraten, bis sie leicht glasig ist. Den Räuchertofu dazugeben und ca. 8 Min. mitbraten. Je nachdem, wie würzig der Räuchertofu ist, noch mit 2 Prisen Rauchsalz würzen. Wenn der Tofu sehr mild ist, kannst du ihn anschließend noch mit 2 EL Sojasauce ablöschen und die Sauce ca. 1 Min. einkochen, dann herausnehmen und beiseitestellen.

3 Das übrige Kokosöl in der Pfanne erhitzen und den Spitzkohl darin bei mittlerer Hitze ca. 6 Min. andünsten. Danach in eine Salatschüssel geben und Tofu, Tomaten und Essiggurken hinzufügen.

4 Die Kartoffeln abgießen, kurz ausdampfen und abkühlen lassen. Anschließend noch warm pellen und in Scheiben schneiden, ebenfalls in die Schüssel geben und locker unterheben.

5 Für das Dressing Olivenöl, Essig, Mayonnaise und Gurkeneinlegewasser gut verrühren und über die Zutaten geben. Zum Servieren den Salat mit Salz und Pfeffer würzen, gründlich mischen und auf Tellern anrichten.

BUCHWEIZEN-PASTA MIT AUSTERNPILZEN

Menstruation

Mein Nachbar Mario hat den grünsten aller Daumen. Neulich brachte er mir riesige Austernpilze, die er auf Stroh gezüchtet hatte. Ich hatte an dem Abend Pasta mit Räuchertofu geplant und baute die Pilze spontan mit ein – hier das leckere Ergebnis!

250 g Buchweizen-Spaghetti
Salz
1 Zwiebel
2 Knoblauchzehen
200 g Austernpilze
150 g geräucherter Tofu
1 EL natives Kokosöl
1 TL edelsüßes Paprikapulver
½ TL geräuchertes Paprika pulver
1 TL gemahlener Kreuzkümmel
1 TL getr. Thymian
½ TL Rauchsalz
Pfeffer
250 ml ungesüßter Sojadrink
1 EL Zitronensaft

Für 2–3 Personen
Zubereitung: 20 Min.

1 Die Spaghetti in einem großen Topf nach Packungsanweisung in Salzwasser bissfest garen. Danach in einem Sieb abtropfen lassen.

2 Währenddessen Zwiebel und Knoblauch schälen und fein würfeln. Die Austernpilze putzen, bei Bedarf mit einem Tuch abreiben und in Streifen schneiden. Den Tofu in kleine Würfel schneiden.

3 Das Kokosöl in einer Pfanne erhitzen und Zwiebel und Knoblauch darin bei mittlerer Hitze in ca. 2 Min. glasig dünsten. Die Pilze und den Tofu hinzufügen und noch ca. 5 Min. braten. Alles mit beiden Paprikapulvern, Kreuzkümmel, Thymian, Rauchsalz und Pfeffer würzen und noch ca. 2 Min. braten.

4 Anschließend Sojadrink und Zitronensaft hinzufügen und die Sauce noch 5–7 Min. köcheln lassen, bis sie eingedickt ist. Mit Salz und Pfeffer abschmecken.

5 Zum Servieren die gekochten Buchweizen-Spaghetti in die Pfanne geben und locker unter die Pilzsauce mischen. Dann die Pasta auf Tellern anrichten.

Dein Zyklusfood-Tipp:

Anders als sein Name vermuten lässt, handelt es sich sich beim Buchweizen nicht um einen Verwandten des Weizen – ja, nicht mal um eine echte Getreidesorte. Vielmehr ist Buchweizen botanisch ein Pseudogetreide, was ihn vor allem für Menschen mit Gluten- oder Weizen-Unverträglichkeiten interessant macht. Zudem versorgt dich Buchweizen mit allen essenziellen Aminosäuren und enthält viel krampfreduzierendes Magnesium.

WILDREIS MIT LUPINEN-CHUNKS

Als Kind habe ich Paprikarahmschnitzel geliebt, noch heute bedeutet es für mich Geborgenheit. Mittlerweile koche ich eine gesündere Variante, die mir in der Menstruation das gleiche Gefühl schenkt, mich aber zugleich mit Nährstoffen versorgt.

300 g Wildreis-Mischung
Salz
1 Zwiebel
2 Knoblauchzehen
je 2 rote und gelbe Paprika
3 EL natives Kokosöl
2 EL Tomatenmark
2 EL Aceto balsamico
2 TL vegane Gemüsebrühe (Instant)
2 TL edelsüßes Paprikapulver
1 TL geräuchertes Paprikapulver
½ TL rosenscharfes Paprikapulver
150 ml ungesüßter Sojadrink
1 EL Hefeflocken
Pfeffer
300 g Lupinengeschnetzeltes (z. B. von Alberts)
2 EL gehackte Petersilie

Für 2–3 Personen
Zubereitung: 40 Min.

1 In einem Topf 600 ml Wasser mit ½ TL Salz aufkochen und den Reis darin zugedeckt bei kleiner Hitze ca. 25 Min. köcheln lassen. Dabei einmal umrühren. Anschließend vom Herd nehmen und noch kurz quellen lassen.

2 Inzwischen Zwiebel und Knoblauch schälen und fein würfeln. Die Paprika waschen, halbieren, weiße Trennwände und Kerne entfernen, die Hälften in mundgerechte Stücke schneiden. 2 EL Kokosöl in einer Pfanne erhitzen und Zwiebel und Knoblauch darin bei mittlerer bis großer Hitze ca. 2 Min. dünsten. Paprikastücke und Tomatenmark hinzufügen, mit Essig ablöschen und ca. 30 Sek. einkochen.

3 Anschließend 100 ml Wasser und die Brühe dazugeben und alles kurz aufkochen, dann die Temperatur reduzieren und das Gemüse zugedeckt bei mittlerer Hitze ca. 10 Min. köcheln lassen.

4 Danach mit den drei Paprikapulvern würzen und den Sojadrink dazugeben. Die Hälfte der Paprikastücke in den Mixer geben und cremig pürieren, dann zurück zur Sauce geben. Die Sauce mit Hefeflocken, Salz und Pfeffer abschmecken.

5 Zum Servieren das übrige Kokosöl in einer Pfanne erhitzen und das Lupinengeschnetzelte darin 5–10 Min. unter Wenden kross anbraten, dann unter die Paprikasauce heben. Mit dem Reis auf Tellern anrichten und mit der Petersilie garnieren.

Dein Zyklusfood-Tipp:

Lupinen sind eine tolle Alternative zu Soja. Sie enthalten ähnlich viel Pflanzeneiweiß und punkten mit wichtigen Nährstoffen für die Periode, wie Vitamin E, Magnesium und Eisen. Dazu ist sie auch noch regional, denn die Süßlupine ist eine hier heimische Pflanze.

BANANENBROT MIT BUCHWEIZEN

Ob als Nachtisch, Snack oder süßes Frühstück – es gibt immer einen Grund, dieses Bananenbrot zu genießen. Es ist nicht zu süß, besitzt eine zarte Feuchtigkeit und liefert on top eine Menge wertvolle Nährstoffe für diese Zyklusphase.

5 reife Bananen
60 ml ungesüßter Reisdrink
6 EL zerlassenes natives Kokosöl
6 EL Ahornsirup
50 g Walnusskerne
135 g Buchweizenmehl
120 g Vollkorn-Dinkelmehl
1 TL Natron
1 TL Backpulver
½ TL Salz
50 g Kakao-Nibs (roh)
50 g Zartbitter-Schokotropfen
natives Kokosöl für die Form

Für 1 Kastenform (ca. 25 cm Länge)
Zubereitung: 10 Min.
Backen: 45 Min.

1 Den Backofen auf 180° (Umluft) vorheizen. Die Kastenform mit Kokosöl einfetten.

2 Die Bananen schälen und in den Mixer geben. Reisdrink, Öl und Ahornsirup dazugeben und alles cremig pürieren.

3 Die Nüsse grob hacken. Beide Mehlsorten, Natron, Backpulver und Salz in einer Rührschüssel mischen. Die cremige Bananenmasse dazugeben und alles mit den Rührbesen des Handrührgeräts oder der Küchenmaschine gut verrühren. Danach Nüsse, Kakao-Nibs und Schokotropfen locker unterheben.

4 Die Masse in der Form verteilen, die Oberfläche glatt streichen und im Ofen (Mitte) ca. 45 Min. backen. Die Oberfläche des Brots darf sich ruhig etwas bräunen, wichtig ist vielmehr, dass bei der Stäbchenprobe kein Teig hängen bleibt – dann ist das Bananenbrot fertig.

5 Das Bananenbrot aus dem Ofen nehmen und auf einem Kuchengitter vollständig abkühlen lassen, bevor du es aus der Backform löst. Zum Servieren in Scheiben schneiden.

Dein Zyklusfood-Tipp:

Wenn du das Bananenbrot nicht am Stück schaffst, kannst du es auch in Scheiben schneiden und in Glasdosen verpackt einfrieren. So hast du immer etwas davon zu Hause, wenn dich der kleine Süßhunger packt, und kannst es dir jederzeit nach Bedarf auftauen.

BÖREK MIT SPINAT-TOFU-FÜLLUNG

Außen knusprig, innen cremig – Börek ist einfach der perfekte Snack für unterwegs! Eventuell brauchst du ein paar Versuche, bis du die Schnecken perfekt füllen und wickeln kannst, aber mit ein wenig Übung hast du den Dreh schnell raus.

1 Schalotte
2 Knoblauchzehen
½ EL natives Kokosöl
90 g Blattspinat
80 ml ungesüßter Sojadrink
45 g Tahin (Sesampaste)
25 g Hefeflocken
270 g Tofu
je 1 TL gemahlener Kreuzkümmel und Koriander
½ TL geräuchertes Paprikapulver
⅓ TL Salz
7 Blätter Filoteig
ca. 6 EL Olivenöl

Für 7 Stück
Zubereitung: 55 Min.
Backen: 35 Min.

1 Den Backofen auf 180° (Umluft vorheizen). Ein Backblech mit Backpapier belegen. Schalotte und Knoblauch schälen, fein würfeln und in einer Pfanne im Kokosöl bei mittlerer Hitze in 5–7 Min. hell andünsten. Vom Herd nehmen und abkühlen lassen.

2 Den Spinat verlesen, waschen und in den Mixer geben. Sojadrink, Tahin und Hefeflocken hinzufügen. Zuletzt den Tofu mit einer Gabel grob zerbröseln und in den Mixer streuen. Alles so lange fein pürieren, bis eine cremige Textur entstanden ist. Die Creme in einer Schüssel mit Schalotte und Knoblauch mischen und mit Kreuzkümmel, Koriander, Paprikapulver und Salz würzen.

3 Jeweils 1 Blatt Filoteig auf der Arbeitsfläche ausbreiten und mit etwas Olivenöl bestreichen. Ein Siebtel der Spinatcreme am Rand einer Längsseite des Teigblatts etwa daumenbreit verteilen, dabei an den Teigenden jeweils einen ca. zwei daumenbreiten Rand freilassen. Das Teigblatt der Länge nach über der Füllung einschlagen und aufrollen, dabei die Enden einschlagen, damit sie verschlossen bleiben. Dann die Teigrolle zu einer Schnecke aufrollen, nochmals mit etwas Öl bestreichen und auf das Blech legen.

4 Auf diese Weise alle Filoteig-Blätter füllen und zu 7 Schnecken formen. Dann im Ofen (Mitte) ca. 35 Min. backen, bis der Teig oben leicht goldbraun ist. Herausnehmen und vor dem Servieren etwas abkühlen lassen. Börek schmeckt pur oder mit einem Dip.

SCHOKO-KIRSCH-TORTE

Die Torte ist eine Rohkostversion der Schwarzwälder Kirschtorte. Aber das wird garantiert niemand merken, so vollmundig und cremig schmeckt sie. Wenn Kirschen Saison haben, verwende ich hier gerne frische anstelle der TK-Ware.

Für den Boden:
155 g Datteln (entsteint)
80 ml zerlassenes natives Kokosöl
¼ TL Salz
60 ml ungesüßter Reisdrink
380 g teilentöltes Mandelmehl
60 g Roh-Kakaopulver
2 EL Ahornsirup
460 g TK-Kirschen
Kokosöl für die Form

Für die Kirschcreme:
90 g Cashewkerne
140 g TK-Kirschen
60 ml Ahornsirup
2 EL Zitronensaft
1 EL Rote-Bete-Saft
¼ TL Salz
120 ml zerlassenes natives Kokosöl

Für die Cashew-Joghurt-Creme:
100 g Cashewkerne
1 EL Ahornsirup
1 EL vegane Joghurtalternative aus Kokos

Für 1 Springform (Ø 22 cm)
Zubereitung: 50 Min.
Einweichen: 8 Std. (über Nacht)
Gefrieren: 3 Std.

1 Am Vorabend die Datteln für den Teig sowie die Cashewkerne für Kirschcreme und Joghurtcreme jeweils in einer Schüssel mit Wasser bedeckt ca. 8 Std., am besten über Nacht, einweichen.

2 Am nächsten Tag für die Kirschcreme die Cashewkerne in ein Sieb abgießen und abbrausen. Mit TK-Kirschen, Ahornsirup, Zitronensaft, Rote-Bete-Saft, Salz und 1 EL Wasser im Mixer feincremig pürieren. Zuletzt das Kokosöl hinzufügen. Die Kirschcreme in einem Topf offen bei mittlerer Hitze noch 3–5 Min. köcheln lassen, sodass sich alle Zutaten verbinden. Vom Herd nehmen und abkühlen lassen.

3 Für den Boden Datteln in ein Sieb abgießen und abbrausen. Erst im Blitzhacker glatt pürieren, dann im Mixer mit Kokosöl, Salz und Reisdrink cremig pürieren. Die Masse mit Mandelmehl, Kakao, Ahornsirup und 3 EL Wasser mischen und mit den Rührbesen des Handrührgeräts verkneten. Die 130 g TK-Kirschen in einem Topf bei mittlerer Hitze weich garen, dann unter den Schokoteig heben.

4 Anschließend die restlichen 330 g TK-Kirschen in den Topf geben und darin kurz auftauen lassen. Die Form mit Kokosöl einfetten und die Hälfte des Schokoteigs darin verteilen, dabei etwas fest drücken. Die Hälfte der 330 g aufgetauten Kirschen darauf verteilen, mit der Kirschcreme bedecken und die Torte im Tiefkühlfach in ca. 2 Std. fest werden lassen.

5 Währenddessen für die Cashew-Joghurt-Creme die Cashewkerne in ein Sieb abgießen und abbrausen. Mit Ahornsirup, Joghurt und 8 EL Wasser im Mixer pürieren, evtl. noch 2 EL Wasser hinzufügen. Nach 2 Std. Gefrierzeit den übrigen Schokoteig auf der Kirschcreme verteilen, restliche Kirschen darauflegen, Cashew-Joghurt-Creme darüber tupfenweise verteilen und glatt streichen.

6 Die Torte im Tiefkühlfach noch ca. 1 Std. fest werden lassen, dann aus der Form lösen und in Stücke schneiden, Reste kühl aufbewahren.

Dein Zyklusfood-Tipp:

Für die Torte nehme ich keine frisch gemahlenen Mandeln, sondern Mandelmehl aus dem Biomarkt. Dieses wird durch Pressung teilentölt und hat daher einen geringeren Fettanteil als Mandeln, was es deutlich feiner macht. Du kannst hier notfalls auch gemahlene Mandeln nehmen, allerdings wird das die Konsistenz des Teigs verändern.

FOLLIKELPHASE – DER FRÜHLING

Die Sonne kehrt zurück: Nachdem dein innerer Winter vorüber ist und die Hormonspiegel wieder ansteigen, blühst du im Frühling wahrhaft auf. Nutze die gewonnene Leichtigkeit und unterstütze deinen Körper auf dem Weg zur vollen Pracht mit ausreichend Mikronährstoffen. In den Rezepten erfährst du, wie's geht.

AMARANTCREME MIT PAPAYA UND JOGHURT

Papaya-Schiffchen sah ich das erste Mal auf Youtube und war total begeistert. Diese hier sind proteinreich mit Amarantcreme, Nüssen und Samen gefüllt. Die Creme kannst du statt mit Himbeeren mit allen Früchten nach Wahl toppen.

70 g Amarant
250 ml ungesüßter Haferdrink
Salz
½ EL helles Mandelmus
½ EL Ahornsirup
125 g Himbeeren
1 Papaya
2 EL vegane Joghurtalternative aus Kokos
2 TL geschrotete Leinsamen
2 EL Mandeln

Für 2 Personen
Zubereitung: 50 Min.

1 Den Amarant in einem Sieb abbrausen und abtropfen lassen. Dann in einem kleinen Topf mit Haferdrink und 1 Prise Salz einmal aufkochen, anschließend die Temperatur reduzieren und den Amarant zugedeckt bei kleiner Hitze in ca. 40 Min. bissfest garen, dabei immer wieder umrühren. Anschließend das Mandelmus unterrühren und die Creme mit Ahornsirup abschmecken.

2 Inzwischen die Himbeeren verlesen, waschen und trocken tupfen. Die Papaya halbieren und entkernen. Das Fruchtfleisch mit einem Löffel aus den Schalen lösen (dabei die Schalen aufheben!) und klein hacken. Papaya, Kokosjoghurt und Leinsamen unter die Amarantcreme mischen.

3 Zum Servieren die Mandeln hacken und in einer Pfanne ohne Fett hell rösten. Herausnehmen und abkühlen lassen. Die Amarantcreme auf die Papayahälften verteilen und alles mit Himbeeren und Mandeln garnieren.

Dein Zyklusfood-Tipp:

Klein, aber oho: Amarant ist ein glutenfreies Pseudogetreide, das es in sich hat. Denn es enthält jede Menge Eiweiß, wobei speziell der hohe Anteil an der Aminosäure Lysin heraussticht. Diese findet man nur selten in Pflanzen, weshalb Amarant bei pflanzenbasierter Ernährung besonders wertvoll ist. Schließlich ist Lysin unter anderem beteiligt an der Hormonbildung, der Wundheilung und der Kollagensnythese. Übrigens: In Schwangerschaft und Stillzeit hat dein Körper einen erhöhten Bedarf an Lysin.

MANDELPFANNKUCHEN MIT ANANASCREME

Pancakes-Toppings sind so eine Sache. Nutella, Ahornsirup oder Puderzucker sind mir zu süß, Marmelade zu langweilig. So habe ich hier eine Ananas-Joghurt-Creme gemischt, die zur inneren Leichtigkeit während der Follikelphase passt.

Für die Pfannkuchen:
350 ml ungesüßter Mandeldrink
1 TL Apfelessig
100 g teilentöltes Mandelmehl
115 g Vollkorn-Dinkelmehl
1 EL Backpulver
2 TL geschroteter Leinsamen
½ TL Salz
2 EL Ahornsirup
1 EL zerlassenes natives Kokosöl
natives Kokosöl zum Ausbacken

Für die Ananascreme:
150 g Ananasfruchtfleisch (am besten schön reif)
200 g vegane Joghurtalternative aus Kokos
1 EL Ahornsirup
2 TL dunkles Mandelmus

Für 2–3 Personen
Zubereitung: 30 Min.

1 Für die Pfannkuchen den Mandeldrink mit dem Apfelessig in einer kleinen Schüssel verrühren und ca. 10 Min. stehen lassen. Beide Mehlsorten, Backpulver, Leinsamen und Salz in einer Rührschüssel gründlich mischen. Dann Mandeldrink-Essig-Mix, Ahornsirup und Kokosöl dazugeben und alles vorsichtig mischen.

2 Für die Ananascreme die Ananas grob in Stücke schneiden. Mit den übrigen Zutaten in den Mixer geben und alles zu einer gleichmäßigen Creme pürieren.

3 In einer Pfanne jeweils 1 EL Kokosöl erhitzen und darin nacheinander ca. 6 Pfannkuchen bei mittlerer Hitze auf jeder Seite ca. 2 Min. backen. Herausnehmen und warm halten, dann die Pfannkuchen mit der Ananascreme servieren.

Dein Zyklusfood-Tipp:

Leinsamen sind eine tolle Unterstützung nach der Periode, denn sie enthalten Lignane. Das sind Phytoöstrogene, die dabei helfen können, den Östrogenspiegel nach dem Hormontief der Menstruation anzuregen und so einen gesunden Eisprung zu fördern. Darum streue ich die kleinen Samen in der Follikelphase über sämtliche Gerichte. Aber Achtung! Der Körper nimmt Leinsamen am besten in geschroteter Form auf. Kaufst du sie bereits geschrotet, kann es sein, dass sie ranzig sind. Daher Leinsamen am besten ganz kaufen und daheim nach Bedarf frisch selbst schroten oder mahlen. Das geht gut in einer kleinen Kaffeemühle oder in einem Mixer mit Mahlwerk.

MISO-ERBSEN-AUFSTRICH

Hier kommt mein absoluter Notfallaufstrich! Die Zutaten habe ich immer daheim: TK-Erbsen lagern im Tiefkühlfach, Miso und Tahin im Kühlschrank. Dazu eine Scheibe Knäckebrot aus der Speisekammer – und der Tag ist gerettet!

500 g TK-Erbsen
3 ½ EL Tahin (Sesampaste)
4 EL helle Misopaste
1 ½ EL Hefeflocken
1 TL geschroteter Leinsamen
Salz
1 Bund Schnittlauch

Für ca. 600 g
Zubereitung: 10 Min.

1 Die Erbsen in einer Schüssel mit kochend heißem Wasser übergießen und ca. 2 Min. ziehen lassen, damit sie auftauen. Danach in ein Sieb abgießen und abtropfen lassen.

2 Die Erbsen mit Tahin, Misopaste, Hefeflocken und Leinsamen in den Mixer geben und alles cremig pürieren. Den Aufstrich mit Salz abschmecken. Den Schnittlauch, waschen, trocken tupfen und in feine Röllchen schneiden.

3 Zum Servieren den Miso-Erbsen-Aufstrich mit dem Schnittlauch garnieren. Er passt zu getoastetem Vollkorn-Dinkelbrot oder einem Kürbiskernbrot und hält sich abgedeckt im Kühlschrank ca. 1 Woche.

Dein Zyklusfood-Tipp:

Miso ist eine japanische Würzpaste, die aus fermentiertem Reis gewonnen wird. Sie verleiht Gerichten die fünfte Geschmacksrichtung namens Umami, was so viel wie »herzhaft« bedeutet. Aber Miso lässt Essen nicht nur lecker schmecken, sondern enthält dank der Fermentation auch eine Menge Milchsäurebakterien, die deine Darmgesundheit in dieser Zyklusphase unterstützen. Wichtig ist dabei, dass du kein pasteurisiertes Miso kaufst – denn nur so bleiben die hilfreichen Bakterien erhalten.

AVOCADOTOAST MIT KOKOSSPECK

Der grün belegte Klassiker ist sicherlich nichts Neues – man bekommt ihn an jeder Ecke. Doch kombiniert mit sämiger Tahinsauce und knusprigem Kokos-»Speck« verwandelt sich das gesunde Frühstück in eine echte Geschmacksexplosion!

Für den Kokosspeck:
2 EL Sojasauce
1 ½ EL zerlassenes natives Kokosöl
20 ml Ahornsirup (oder ein anderer Sirup, Achtung: die Süße variiert)
½ EL Flüssigrauch
1 Prise Knoblauchpulver
175 g Kokoschips

Für die Toasts:
2 EL Tahin (Sesampaste)
2 EL Zitronensaft
2 EL Hefeflocken
Salz
10–12 Scheiben Vollkornbrot (am besten in Kastenform)
einige Petersilienstängel
einige Mungbohnensprossen
2–3 reife Avocados

Für 4 Personen
Zubereitung: 20 Min.
Backen: 24 Min.

1 Für den Kokosspeck den Backofen auf 60° (Umluft) vorheizen. Ein Backblech mit Backpapier belegen. Für die Marinade alle Zutaten – bis auf die Kokoschips – in einer Rührschüssel mischen. Dann die Kokoschips hinzufügen und so lange gut untermischen, bis alle von der Marinade benetzt sind.

2 Alles auf dem Blech gut verteilen und im Ofen (Mitte) ca. 24 Min. backen, dabei alle 6 Min. wenden. Den Kokosspeck aus dem Ofen nehmen und kurz abkühlen lassen, er wird dann richtig kross.

3 Für die Sauce das Tahin mit Zitronensaft, 8 EL Wasser und Hefeflocken verrühren, mit Salz abschmecken. Die Brotscheiben im Toaster rösten. Die Petersilie waschen, trocken tupfen, die Blätter abzupfen und grob hacken. Die Sprossen in einem Sieb abbrausen und abtropfen lassen. Die Avocados halbieren und entkernen, aus den Schalen lösen und in Spalten schneiden oder mit einer Gabel zerdrücken.

4 Zum Servieren die getoasteten Brotscheiben mit Avocadofruchtfleisch belegen oder bestreichen, Kokosspeck, Petersilie und Sprossen darüberstreuen und zuletzt mit der Sauce beträufeln.

Dein Zyklusfood-Tipp:

In dieser Zyklusphase sind Getreidesorten wie Dinkel, Grünkern oder Roggen besonders gut. Ich kaufe für dieses Gericht am liebsten frisches Vollkorn-Dinkelbrot mit vielen Kernen, schneide es in Scheiben und toaste es, bevor ich es mit Avocado bestreiche. Das Ganze funktioniert aber auch hervorragend mit einem Knäckebrot aus Vollkornroggen, das man nicht toasten muss.

SHAKSHUKA MIT DREIERLEI TOFU

Ein köstliches Gericht aus der israelischen Küche, bei der man pochierte Eier in einer Tomatensauce versinken lässt. Wir verzichten auf die Eier und platzieren stattdessen einen Mix aus dreierlei Tofu darin, um unsere Östrogenproduktion anzuregen.

Für die Shakshuka:
2 rote Zwiebeln
2 rote Paprika
2 gelbe Paprika
30 Kirschtomaten
1 EL natives Kokosöl
6 EL Erythrit
½ TL gemahlener Kreuzkümmel
2 TL getr. Thymian
3 Lorbeerblätter
½ TL geräuchertes Paprikapulver
¼ TL Cayennepfeffer
Salz

Für den Tofu-Mix:
1 Zwiebel
3 EL natives Kokosöl
200 g geräucherter Tofu
200 g Naturtofu
400 g Seidentofu
1 TL gemahlene Kurkuma
etwas Kala Namak (Schwefelsalz)
Salz

Für 3–4 Personen
Zubereitung: 50 Min.

1 Für die Shakshuka die Zwiebeln schälen und in dünne Ringe schneiden. Die Paprika waschen, halbieren, weiße Trennwände und Kerne entfernen, die Hälften in mundgerechte Stücke schneiden. Die Kirschtomaten waschen und vierteln.

2 Die Zwiebelringe in einer Pfanne im Öl bei großer Hitze ca. 5 Min. andünsten. Paprika, Erythrit, Kreuzkümmel, Thymian und Lorbeerblätter hinzufügen und alles noch ca. 10 Min. braten, dabei ab und zu umrühren. Die Tomaten, Paprikapulver und Cayennepfeffer dazugeben. Die Temperatur reduzieren und alles offen noch ca. 15 Min. köcheln lassen. Falls nötig, etwas Wasser dazugießen.

3 Währenddessen für den Tofu-Mix die Zwiebel schälen, fein würfeln und in einer zweiten Pfanne in 1 EL Öl bei großer Hitze ca. 2 Min. andünsten. Den Räuchertofu würfeln, dazugeben und weitere 5 Min. braten, dann den Mix an den Pfannenrand schieben. Den Naturtofu zerbröseln, mit dem restlichen Öl dazugeben und die beiden Tofusorten noch ca. 7 Min. braten.

4 Zuletzt den Seidentofu zur Mischung geben und mit einer Gabel leicht zerdrücken. Den Tofu-Mix mit Kurkuma, Kala Namak und Salz abschmecken. Zum Servieren die Shakshuka auf tiefe Teller verteilen und mit dem Tofu-Mix toppen.

SÜSSKARTOFFELN MIT QUINOASALAT

In meiner Zeit als Journalistin war dieser Salat mein treuer Begleiter. Während sich Arbeitskollegen Pizza und Pasta bestellten, aß ich den bunten Salat. Danach ging ich mit frischer Energie an die Arbeit, während die anderen im Fresskoma hingen.

120 g Radicchio
100 g Quinoa
3 Süßkartoffeln
250 g Kirschtomaten
Salz
3 EL Olivenöl
2 EL Zitronensaft
Pfeffer

Für 2–3 Personen
Zubereitung: 50 Min.

1 Den Backofen auf 180° (Umluft) vorheizen. Zwei Backbleche mit Backpapier belegen. Den Radicchio putzen, waschen, trocken schleudern und in mundgerechte Stücke zupfen. Die Quinoa in einem Sieb abbrausen und abtropfen lassen, um bittere Stoffe zu entfernen.

2 Die Süßkartoffeln schälen und in 2–3 cm große Würfel schneiden. Die Tomaten waschen und halbieren. Die Süßkartoffeln auf dem einen Blech verteilen, die Tomaten auf dem anderen Blech. Beides im Ofen (oben und unten) ca. 30 Min. backen. Herausnehmen und kurz abkühlen lassen.

3 Inzwischen die Quinoa in einem Topf mit 200 ml Salzwasser einmal kurz aufkochen, dann die Temperatur reduzieren und die Quinoa zugedeckt bei kleiner Hitze in 20–25 Min. bissfest garen. Falls nötig, etwas Flüssigkeit nachgießen. Die Quinoa sollte dann gar sein, aber noch Biss haben.

4 Zum Servieren Quinoa, Süßkartoffeln und Tomaten mit dem Radicchio in eine Salatschüssel geben und mit Öl und Zitronen übergießen. Den Salat mischen, mit Salz und Pfeffer abschmecken und auf Tellern anrichten. Das Gericht lässt sich super mitnehmen.

Dein Zyklusfood-Tipp:

Quinoa sieht aus wie ein klassisches Korn und ist nicht nur wahnsinnig gesund, sondern auch extrem lecker. Gekochte Quinoakörner sind leicht und zart, gleichzeitig aber auch ein wenig knusprig, mit einem etwas nussigem Aroma. Perfekt für reichhaltige Bowls oder Salate!

LAKSA-SUPPE MIT BASILIKUM-TOFU

Ich liebe die Asia-Küche: Sie bietet eine große Nährstoffpalette bei fantastischem Aroma – etwa bei der südostasiatischen Laksa-Suppe, dem Nationalgericht Singapurs. Gemüse sorgt für Ballaststoffe, Tofu für Eiweiß und Glasnudeln machen satt.

1 Knoblauchzehe
400 g Basilikum-Tofu
100 g Zuckerschoten
1 EL natives Kokosöl
50 ml Sojasauce
50 g gelbe Currypaste
4 TL vegane Gemüsebrühe (Instant)
2 TL Currypulver
1 TL Salz
400 g Kokosmilch
100 g TK-Edamame (gepalt)
100 g Glasnudeln
Saft von ½ Limette
einige Koriander- und Minzeblätter (nach Belieben)

Für 2–3 Personen
Zubereitung: 30 Min.

1 Den Knoblauch schälen und fein würfeln. Den Tofu in ca. 1 cm große Würfel schneiden. Die Zuckerschoten putzen, waschen und schräg halbieren. Das Öl in einem Topf erhitzen und Knoblauch und Tofu darin bei mittlerer bis großer Hitze ca. 2 Min. anbraten.

2 Danach die Sojasauce dazugießen und ca. 2 Min. einkochen. Die Currypaste einrühren und weitere 2 Min. garen. Dann 750 ml Wasser, Brühe und Currypulver hinzufügen. Alles aufkochen, danach die Temperatur reduzieren und alles bei mittlerer Hitze noch ca. 2 Min. köcheln lassen.

3 Anschließend Salz, Kokosmilch, Zuckerschoten und TK-Edamame dazugeben. Die Glasnudeln mit der Schere halbieren und ebenfalls hinzufügen. Die Suppe noch ca. 3 Min. köcheln lassen, dann vom Herd nehmen und mit dem Limettensaft verrühren.

4 Zum Servieren nach Belieben Koriander und Minze waschen, trocken tupfen und fein hacken. Die Suppe auf Schalen oder tiefe Teller verteilen und mit den Kräutern bestreuen.

Dein Zyklusfood-Tipp:

Tofu gibt es mittlerweile in allen erdenklichen Formen: Neben geräuchertem Tofu findet sich in Bioläden und Supermärkten auch Tofu »rosso« mit Tomate und Paprika, Oliven-Tofu oder wie hier Basilikum-Tofu. Ich empfehle dir diese bereits gewürzte Variante, da der Tofu so deutlich mehr Geschmack in deine Suppe bringt.

DEIN ZYKLUSFOOD IM FRÜHLING

Jetzt gilt es, die Eizellreifung anzukurbeln, den Aufbau des Endometriums zu fördern und den Darm auf das anstehende Hormonhoch vorzubereiten. Unterstützung bekommst du hierbei von den folgenden Zyklusfoods:

GEMÜSE

Artischocken, Bambussprossen, Chicorée, Microgreens, Paprika, Radicchio, Rhabarber, Romanasalat, Schwarzwurzel, Spargel, Sprossen, Tomaten, Topinambur

OBST

Ananas, Avocado, Drachenfrucht, Granatapfelkerne, Grapefruit, Guave, Maulbeeren, Mirabellen, Kirschen, Nektarinen, Pfirsiche, Pflaumen, Physalis

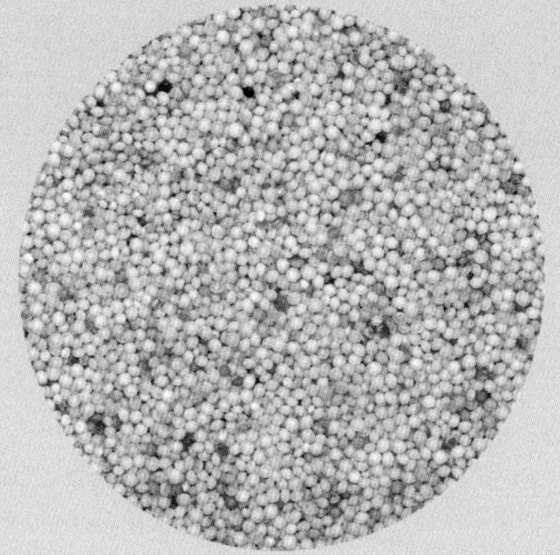

(PSEUDO-) GETREIDE

Amarant, Dinkel, Grünkern, Quinoa, Roggen

HÜLSENFRÜCHTE

Edamame, Erbsen, grüne Bohnen, Lima-Bohnen, Sojabohnen, Tempeh, Tofu, Zuckerschoten

NÜSSE UND ÖLE

Erdnusskerne, Haselnusskerne, Kürbiskerne, Leinsamen und Leinöl, Oliven, Pekannusskerne

SONSTIGES

fermentierte Produkte (z. B. Kimchi, Kombucha, Misopaste, Sauerkraut, vegane Joghurtalternativen aus Kokos, Soja etc., Wasserkefir), Maca, Basilikum, Petersilie, Rosmarin, Rotklee, Salbei

Sprossen und Microgreens bieten dir tolle Unterstützung für diese Zyklusphase. Während Sprossen im Grunde Keimlinge sind, die lediglich wenige Tage alt sind, handelt es sich bei Microgreens bereits um kleine Pflanzen mit vereinzelten Blättern. Beides kannst du einfach und kostengünstig zu Hause sprießen lassen – ganz ohne Garten. Dafür brauchst du nur ein Sprossenglas und Keimlinge. Beides erhältst du in Gartencentern oder Biomärkten.

QUINOA CAMPUR

Das Rezept basiert auf einem indonesischen Gericht, das ich während meiner Flitterwochen auf Bali tagein, tagaus gegessen habe: Nasi Campur, was so viel heißt wie »gemischter Reis«. In der Follikelphase tausche ich den Reis aber gegen Quinoa.

¼ Mango
100 g Kirschtomaten
1 Zwiebel
2 Knoblauchzehen
30 g Mungbohnensprossen
1 kleiner Pak Choi
1 Stück Ingwer (1 cm lang)
180 g Quinoa
Salz
150 g rote Linsen
¼ TL Chilipulver
natives Kokosöl
300 g grüne TK-Bohnen
1 TL gemahlene Kurkuma
½ TL gemahlener Kreuzkümmel
Saft von 1 Orange

Für den Tempeh:
300 g Tempeh
2 EL natives Kokosöl
2 TL geräuchertes Paprikapulver
2 TL Currypulver
3 EL Sojasauce
2 EL Ahornsirup
½ TL Salz

Für 4 Personen
Zubereitung: 1 Std.

1 Mango schälen, Tomaten waschen und beides klein würfeln. Zwiebel und Knoblauch schälen und separat fein würfeln. Sprossen in einem Sieb abbrausen und abtropfen lassen. Pak Choi putzen, waschen und in Streifen schneiden. Ingwer schälen und fein hacken. Die Quinoa in einem Sieb abbrausen und abtropfen lassen, um bittere Stoffe zu entfernen. Mit 360 ml Wasser und 2 Prisen Salz in einem Topf zugedeckt bei kleiner Hitze in 20–25 Min. bissfest garen.

2 Inzwischen die Linsen in einem Sieb abbrausen, mit 300 ml Wasser und 2 Prisen Salz in einem Topf bei kleiner Hitze in ca. 10 Min. bissfest garen. Chilipulver, Mango und Tomaten unter die Linsen rühren, salzen. Zwiebel in einem Topf in 1 EL Kokosöl ca. 5 Min. anbraten, TK-Bohnen mit 50 ml Wasser dazugeben und in 10–15 Min. weich garen. Ca. 2 Min. vor Garzeitende noch ½ TL Kokosöl unterrühren. Vom Herd nehmen und mit Sprossen mischen, salzen.

3 In einer Pfanne 1 EL Kokosöl erhitzen und Pak Choi, Ingwer und Knoblauch darin bei mittlerer Hitze ca. 6 Min. anbraten. Mit Kurkuma und Kreuzkümmel würzen und mit Orangensaft ablöschen, vom Herd nehmen und salzen.

4 Den Tempeh in dünne Scheiben schneiden und mit Paprikapulver und Curry würzen. Anschließend in einer Pfanne im Öl bei mittlerer bis großer Hitze auf beiden Seiten ca. 5 Min. anbraten, bis sich eine Kruste gebildet hat.

5 Den Tempeh-Mix mit Sojasauce, Ahornsirup und Salz ablöschen. Den Sud ca. 1 Min. einkochen, dann den Tempeh vom Herd nehmen. Zum Servieren Quinoa mit Tempeh, Linsen-Mix, Bohnen und Pak Choi nebeneinander in Schalen (Bowls) anrichten.

Follikelphase

ASIA-NUDELSALAT MIT EDAMAME

In Berlin gibt es ein Deli namens »Goodies«, das sich ganz dem Clean Eating verschrieben hat. Besonders hat es mir der Saté-Salat angetan, den ich aus der Erinnerung etwas abgewandelt habe, damit ich ihn auch zu Hause genießen kann.

200 g Vollkorn-Dinkel-Penne
Salz
200 g TK-Edamame (gepalt)
2 Möhren
1 Knoblauchzehe
natives Kokosöl
100 g geräucherter Tofu
3 EL Erdnussmus
2 EL Sojasauce
1 EL Reisessig
1 EL Ahornsirup
1 EL frisch geriebener Ingwer
2 EL Limettensaft
3 EL Kokosmilch
2 Frühlingszwiebeln
3 EL Erdnusskerne
1 Handvoll Minzeblätter
1 EL dunkler Sesam

Für 2–3 Personen
Zubereitung: 50 Min.

1 Die Nudeln nach Packungsanweisung in Salzwasser bissfest garen, in einem Sieb abtropfen lassen. Inzwischen die Edamame in einer Schüssel mit kochend heißem Wasser übergießen und in ca. 5 Min. auftauen lassen. Danach in ein Sieb abgießen und abtropfen lassen.

2 Die Möhren putzen, schälen und in Scheiben schneiden. Den Knoblauch schälen und fein würfeln. 1 EL Kokosöl in einer Pfanne erhitzen und Möhren und Knoblauch darin bei mittlerer Hitze 3–5 Min. anbraten, herausnehmen und beiseitestellen. Dann den Räuchertofu klein würfeln und in der Pfanne in 1 EL Kokosöl bei großer Hitze ca. 5 Min. anbraten, sodass er bräunt und knusprig wird.

3 Für das Dressing in einer kleinen Schüssel Erdnussmus, Sojasauce, Reisessig, Ahornsirup, Ingwer, Limettensaft und Kokosmilch gründlich verrühren. Die Frühlingszwiebeln putzen, waschen und in dünne Ringe schneiden. Die Erdnüsse grob hacken. Die Minze waschen, trocken tupfen und fein hacken.

4 Die gekochten Nudeln mit Edamame, Möhren und Räuchertofu mischen. Mit dem Dressing beträufeln und auf tiefe Teller oder Schalen verteilen. Zum Servieren mit den Frühlingszwiebeln, Erdnüssen, Minze und Sesam bestreuen.

Dein Zyklusfood-Tipp:

Edamame, die unreifen, grünen Sojabohnen, sind bei der Ernte meist erst zu ca. 80 Prozent ausgereift und werden sowohl mit Hülsen als auch gepalt verkauft. Du findest sie in der TK-Abteilung großer Super- oder Biomärkte. Edamame haben einen süßlich-nussigen Geschmack und enthalten viel Eiweiß, Folsäure, Eisen, Zink und Ballaststoffe.

GRÜNE ONE-POT-PASTA MIT SPARGEL

Du hast keine Lust, beim Kochen mit mehreren Töpfen und Pfannen zu hantieren? Dann wird dich diese One-Pot-Pasta glücklich machen: Das Gericht ist im Handumdrehen zubereitet und auch das Abspülen lässt sich danach schnell erledigen.

Für die Pasta:
500 g grüner Spargel
300 g TK-Erbsen
250 g Grüne-Erbsen-Penne
3 EL Kapern
4 EL Olivenöl

Für das Topping:
5 g Schnittlauch
10 g Basilikum
40 g Pinienkerne
abgeriebene Schale von 2 Bio-Zitronen
Saft von 1 Zitrone
4 EL Olivenöl
Salz

Für 2–3 Personen
Zubereitung: 30 Min.

1 Für die Pasta den grünen Spargel waschen, im unteren Drittel schälen und die holzigen Enden abschneiden, die Stangen in mundgerechte Stücke schneiden. Die Erbsen in einer Schüssel mit warmen Wasser ca. 3 Min. auftauen lassen.

2 Die Pasta in einem Topf nach Packungsanweisung in Salzwasser bissfest garen, dabei ca. 4 Min. vor dem Ende der Nudelgarzeit Spargel und Erbsen hinzufügen und alles noch ca. 4 Min. garen. Alles in ein Sieb abgießen und abtropfen lassen. Inzwischen die Kapern hacken und mit dem Olivenöl unter den Pasta-Gemüse-Mix heben.

3 Für das Topping inzwischen Schnittlauch und Basilikum waschen, trocken tupfen, den Schnittlauch in feine Röllchen schneiden, vom Basilikum die Blätter abzupfen und fein hacken. Die Pinienkerne in einer Pfanne ohne Fett 1–2 Min. rösten, bis sie leicht gebräunt sind. Herausnehmen, abkühlen lassen und grob hacken.

4 Dann in einer Schüssel mit Schnittlauch, Basilikum, Zitronenschale und -saft sowie Olivenöl verrühren, mit Salz abschmecken. Zum Servieren den Pasta-Gemüse-Mix auf tiefe Teller oder Schalen verteilen und mit dem Topping bestreuen.

Dein Zyklusfood-Tipp:

Ein Organ freut sich besonders, wenn du Spargel auf den Teller bringst: dein Darm! Denn das Gemüse wirkt präbiotisch, weil es besondere komplexe Kohlenhydrate enthält, die während der Verdauung nicht aufgespaltet werden, sodass sie unverdaut im Darm landen. Dort laben sich dann deine guten Darmbakterien an den Präbiotika, was dein Mikrobiom im Gleichgewicht und deinen Darm gesund hält.

ASIA-GEMÜSE-FLADEN MIT CURRYSAUCE

Diese saftigen Fladen kommen komplett ohne Mehl aus. Was die Geheimzutat ist? Getrocknete Mungbohnen – sie machen die Fladen zu einer Protein- und Ballaststoffbombe. Das Sauerkraut liefert dazu wertvolle Milchsäurebakterien.

Für die Fladen:

100 g getr. Mungbohnen
1 Stück Ingwer (1 cm lang)
1 rote Zwiebel
200 g Möhren
80 g Rettichsprossen
45 g Erbsen
100 g frisches Sauerkraut (aus dem Kühlregal, fermentiert, nicht pasteurisiert)
1 TL edelsüßes Paprikapulver
1 TL gemahlene Kurkuma
1 TL gemahlener Kreuzkümmel
2 EL natives Kokosöl

Für die Currysauce:

2 Frühlingszwiebeln
125 g vegane Joghurtalternative aus Soja
1 TL Currypulver
1 TL edelsüßes Paprikapulver
1 EL Tomatenmark
1 EL vegane Mayonnaise
1 EL Ahornsirup
1 EL Zitronensaft
Salz

Für ca. 9 Fladen
Zubereitung: 40 Min.
Einweichen: 8 Std. (über Nacht)

1 Am Vorabend für die Fladen die Mungbohnen in einem Sieb abbrausen und in einer Schüssel mit Wasser ca. 8 Std., am besten über Nacht, einweichen.

2 Am nächsten Tag die Mungbohnen in ein Sieb abgießen, abbrausen und in den Mixer geben. Den Ingwer schälen und fein hacken, mit 220 ml Wasser zu den Mungbohnen geben und alles fein pürieren.

3 Die Zwiebel schälen und fein würfeln. Die Möhren putzen, schälen und auf der Gemüsereibe fein raspeln. Die Sprossen und Erbsen in einem Sieb abbrausen und gut abtropfen lassen. Das Gemüse mit den Gewürzen unter den Mungbohnen-Ingwer-Mix heben und aus der Masse mit angefeuchteten Händen ca. 9 kleine Fladen formen.

4 Jeweils etwas Kokosöl in einer Pfanne erhitzen und die Fladen darin portionsweise bei mittlerer Hitze auf jeder Seite 3–4 Min. braten, bis sie leicht gebräunt sind. Herausnehmen und auf Küchenpapier abtropfen lassen.

5 Währenddessen für die Sauce die Frühlingszwiebeln putzen, waschen und klein hacken. Die übrigen Zutaten für die Currysauce verrühren, alles mit Salz abschmecken und die Frühlingszwiebeln unterheben. Zum Servieren die Fladen noch warm mit der Currysauce auf Tellern anrichten.

TOFUPFLANZERL MIT CHICORÉE

Das Gericht ist im Original recht kohlenhydratarm, um den Stoffwechsel in dieser Zyklusphase nicht zu stark zu belasten. Du kannst aber dazu auch eine Portion Vollkornpasta kochen und mit der Marinara-Sauce und den Pflanzerln kombinieren.

Für die Sauce:

3 Knoblauchzehen
250 g Kirschtomaten
1 EL natives Kokosöl
je 1 TL Salz und Rauchsalz
1 EL Aceto balsamico
1 TL Ahornsirup
½ TL Zwiebelpulver
240 g stückige Tomaten
1 TL Hefeflocken

Für die Pflanzerl:

250 g geräucherter Tofu
1 Zwiebel
60 g Vollkorn-Dinkelmehl
2 EL Tahin (Sesampaste)
2 EL Olivenöl, 1 EL Sojasauce
15 g Schnittlauchröllchen
1 TL Johannisbrotkernmehl
1 TL mittelscharfer Senf
1 TL Majoran
1 TL Salz, ½ TL Pfeffer
2–3 EL natives Kokosöl

Außerdem:

1 Chicorée
2 EL gehackte Petersilie

Für 2 Personen
Zubereitung: 1 Std.

1 Für die Sauce den Knoblauch schälen und sehr fein würfeln. Die Kirschtomaten waschen und klein würfeln. Den Knoblauch in einem Topf im Kokosöl bei großer Hitze ca. 1 Min. anbraten.

2 Kirschtomaten, Salz, Rauchsalz, Essig, Ahornsirup und Zwiebelpulver dazugeben und alles bei großer Hitze ca. 5 Min. einkochen. Danach die stückigen Tomaten hinzufügen und die Sauce offen bei mittlerer Hitze noch ca. 15 Min. köcheln lassen. Zuletzt die Hefeflocken kurz einrühren, die Sauce warm halten.

3 Für die Pflanzerl den Räuchertofu zerbröseln. Die Zwiebel schälen und fein würfeln. Beides mit den restlichen Zutaten – bis auf das Kokosöl – in einer Schüssel mischen und alles gut verkneten. Aus der Masse mit angefeuchteten Händen ca. 9 kleine Pflanzerl formen.

4 Das Kokosöl in der Pfanne erhitzen und die Pflanzerl darin portionsweise bei mittlerer bis großer Hitze auf jeder Seite ca. 3 Min. braten, sodass sie rundum leicht gebräunt sind. Dabei vorsichtig wenden, damit die Pflanzerl nicht zerfallen. Die fertigen Pflanzerl herausnehmen und auf Küchenpapier abtropfen lassen.

5 Zum Servieren den Chicorée in einzelne Blätter zerteilen, waschen und trocken tupfen. Die Blätter auf Teller verteilen, die Pflanzerl daraufsetzen und mit der Sauce beträufeln. Mit der Petersilie garnieren.

Dein Zyklusfood-Tipp:

Chicorée gehört zu den Lebensmitteln mit dem höchsten Gehalt an dem präbiotischen Ballaststoff Inulin, der deine guten Darmbakterien mit passender Nahrung versorgt. Dazu ist der helle Kolben reich an Bitterstoffen, was ebenfalls Verdauung und Stoffwechsel sowie auch die Leber in dieser Zyklusphase ideal unterstützt.

VEGANE AVOCADOBUTTERMILCH

Früher trank ich gerne gekühlte Buttermilch als Snack. Seit ich auf tierische Milchprodukte verzichte, ist diese »Buttermilch« aus Avocado die perfekte Alternative dazu. Sie unterstützt dank der gesunden Avocadofette auch den Eisprung.

1 Avocado
2 EL Zitronensaft
3 EL Minzeblätter
500 ml Mineralwasser (mit Kohlensäure; oder Wasser)
3 EL vegane Joghurtalternative aus Kokos
1 ½ EL Proteinpulver mit Vanillegeschmack
½–1 EL Ahornsirup (nach Belieben)
2 TL geschroteter Leinsamen

Für 2 Personen
Zubereitung: 10 Min.

1 Die Avocado halbieren und den Kern entfernen, das Fruchtfleisch aus den Schalen lösen und in den Mixer geben. Sofort mit dem Zitronensaft beträufeln, damit sich die Avocado nicht bräunlich verfärbt.

2 Die Minze waschen, trocken tupfen und fein hacken. Dann mit den restlichen Zutaten zur Avocado geben und alles so lange fein mixen, bis eine schöne Buttermilchkonsistenz entstanden ist. Wenn du sie dünner möchtest, kannst du noch etwas Wasser hinzufügen.

3 Zum Servieren auf Gläser verteilen. Die Avocadobuttermilch hält sich im Kühlschrank ca. 4 Tage.

Dein Zyklusfood-Tipp:

Proteinpulver ist nicht allein Kraftsportlern vorbehalten, sondern ein fester Bestandteil meiner Küche. Ich setze hierbei auf Marken, bei denen mehrere pflanzliche Proteine aus Erbsen, Lupinen, Reis, Hanf und Sonnenblumenkernen miteinander kombiniert sind. Auf diese Weise bekommst du ein gutes Aminosäurespektrum, bei dem du alle essenziellen Aminosäuren, die dein Körper selbst nicht herstellen kann, aufnimmst. Achte aber darauf, dass das Proteinpulver frei von Industriezucker und am besten nur mit Süßungsmitteln wie Stevia gesüßt ist.

NUGATTRÜFFEL MIT LEINSAMEN

Wenn mich der Süßhunger packt, bevorzuge ich schokoladig-cremige Leckereien – am besten selbst gemacht wie diese Trüffel: Ich lagere sie im Kühlschrank und habe so stets etwas parat, wenn meine innere Naschkatze doch mal wieder »miaut«.

180 g Haselnussmus
2 EL Reissirup
1 EL teilentöltes Kokosmehl
200 g Zartbitterschokolade (mind. 70 % Kakaoanteil)
1 TL Leinsamen

Für ca. 10 Stück
Zubereitung: 35 Min.
Tiefkühlen: 1 Std. 20 Min.

1 Für die Nugatmasse Haselnussmus, Reissirup und Kokosmehl in einer Schüssel mit einem Löffel so lange verrühren, bis eine feste Paste entstanden ist. Sie sollte mit den Fingern formbar sein. Einen Teller mit Backpapier belegen.

2 Aus der Paste mit angefeuchteten Händen ca. 10 kleine Bällchen formen und auf dem Teller platzieren. Die Bällchen im Tiefkühlfach ca. 1 Std. fest werden lassen.

3 Die Schokolade grob hacken und in einer Metallschüssel über dem heißen Wasserbad unter Rühren schmelzen. Die gefrorenen Bällchen nacheinander in die Schokolade tauchen und rundum damit überziehen. Herausheben, kurz abtropfen lassen und auf das Backpapier legen. Sofort mit je 1 Prise Leinsamen auf der Oberseite bestreuen.

4 Die überzogenen Trüffel im Tiefkühlfach nochmals in ca. 20 Min. fest werden lassen. Anschließend am besten eisgekühlt genießen. Die Nugattrüffel lassen sich in einer luftdichten Box im Kühlschrank ca. 14 Tage aufbewahren.

Dein Zyklusfood-Tipp:

Eine süße Praline, mit der du deine Hormone unterstützen kannst? Genau das bieten dir diese Nugattrüffel: Die Leinsamen regen die Östrogenausschüttung an, während dich das Haselnussmus mit Zink versorgt – einem Nährstoff, der für die Entwicklung der Follikel in dieser Zyklusphase wichtig ist. Übrigens kommen in die Trüffelmasse nicht gemahlene Kokosraspel, sondern ein sogenanntes teilentöltes Kokosmehl. Es wird ähnlich wie das Mandelmehl hergestellt (s. S. 67).

KARAMELL-KEKS-RIEGEL MIT MACA-PULVER

Der Keksriegel ist ein Versuch, eine hormonfreundliche Alternative zu meiner ehemaligen Lieblingssüßigkeit herzustellen. Es brauchte mehrere Anläufe, aber jetzt ist der Riegel ideal: Knuspriger Boden mit süßer Karamellcreme, die im Mund zergeht.

Für das Karamell:
115 g Datteln (entsteint)
65 g Haselnussmus
2 EL Maca-Pulver
4 EL ungesüßter Haselnussdrink (oder ein anderer Pflanzendrink)
2 EL zerlassenes natives Kokosöl

Für den Keks:
50 g teilentöltes Kokosmehl
40 g teilentöltes Mandelmehl
1 EL gemahlene Leinsamen
6 EL zerlassenes natives Kokosöl
1 TL Vanilleextrakt

Für den Überzug:
200 g Zartbitterschokolade (mind. 70 % Kakaoanteil)
natives Kokosöl nach Bedarf

Für 10 Stück
Zubereitung: 35 Min.
Einweichen: 8 Std. (über Nacht)
Backen: 12 Min.
Tiefkühlen: 2 Std. 15 Min.

1 Am Vorabend für das Karamell die Datteln in einer Schüssel mit heißem Wasser übergießen und ca. 8 Std. (über Nacht) einweichen.

2 Am nächsten Tag für den Keks den Backofen auf 180° (Umluft) vorheizen. Eine Kastenform (23 × 10 cm) mit Backpapier auskleiden. In einer Schüssel Kokosmehl, Mandelmehl, Leinsamen, Kokosöl und Vanille mischen und zu einem Teig verkneten. Den Teig auf dem Boden der Form verteilen, dabei leicht andrücken und die Oberfläche glatt streichen. Den Keksboden im Ofen (Mitte) ca. 12 Min. backen, bis der Teig an den Ecken goldbraun ist. Herausnehmen und auf einem Kuchengitter vollständig abkühlen lassen.

3 Inzwischen für das Karamell die Datteln in ein Sieb abgießen und abtropfen lassen, dabei 3–4 EL Einweichwasser auffangen. Datteln, Haselnussmus, Maca-Pulver, Haselnussdrink und Kokosöl im Mixer zu einer cremigen Paste pürieren. Dabei nach Belieben bis zu 4 EL Datteleinweichwasser nach und nach dazugeben. Das Karamell auf dem abgekühlten Keksboden gleichmäßig verteilen und die Oberfläche glatt streichen. In der Form im Tiefkühlfach in mindestens 2 Std. fest werden lassen.

4 Für den Überzug die Schokolade grob hacken und in einer Metallschüssel über dem heißen Wasserbad unter Rühren schmelzen. Falls sie zu dickflüssig ist, etwas Kokosöl untermischen.

5 Den Karamell-Keks-Block mithilfe des Backpapiers aus der Form lösen und mit der erwärmten Klinge eines Messers in 10 längliche Riegel schneiden. Die Riegel nacheinander in die flüssige Schokolade tauchen und damit überziehen. Herausheben, abtropfen lassen und auf einen Teller setzen. Die Riegel im Tiefkühlfach nochmals in ca. 15 Min. fest werden lassen. Danach im Kühlschrank oder Tiefkühlfach aufbewahren, so halten sie sich ca. 14 Tage.

LIMETTENTARTE MIT PEKANNÜSSEN

Diese fruchtige Tarte schmeckt dank ihrer Zitrusnote erfrischend und süß zugleich. Keine Sorge, die Avocado schmeckt man nicht heraus. Lass am besten deine Gäste raten, welche geheime Zutat die Tarte wohl grün färbt?

Für den Boden:
10 Datteln (entsteint)
300 g Pekannusskerne
3 TL natives Kokosöl
½ TL Salz
Kokosöl für die Form

Für die Limettencreme:
330 g Avocadofleisch (von ca. 2 ½ Avocados)
240 ml Limettensaft
180 ml Ahornsirup
160 g Kokosmilch
1 Msp. gemahlene Vanille
1 Prise Salz
240 ml zerlassenes natives Kokosöl
einige Bio-Limettenscheiben (nach Belieben)

Für die Cashewsahne:
100 g Cashewkerne
50 ml Ahornsirup, Salz
120 ml zerlassenes natives Kokosöl

Für 1 Springform (Ø 22 cm)
Zubereitung: 55 Min.
Einweichen: 8 Std. (über Nacht)
Tiefkühlen: 2 Std.

1 Am Vorabend für den Boden die Datteln in einer Schüssel mit kochend heißem Wasser übergießen und ca. 8 Std., am besten über Nacht, einweichen. Die Cashewkerne für die Sahne ebenfalls in Wasser einweichen.

2 Am nächsten Tag für den Boden die Datteln in ein Sieb abgießen und abtropfen lassen, dabei etwas Datteleinweichwasser auffangen. Die Datteln im Mixer cremig pürieren, falls die Masse zu fest ist, etwas Datteleinweichwasser hinzufügen.

3 Die Pekannüsse im Blitzhacker fein zermahlen und in einer Rührschüssel mit Dattelpaste, Kokosöl, Salz und 3 EL Wasser gründlich verkneten, sodass ein klebriger Teig entsteht. Die Form mit Kokosöl fetten und den Boden darin mit angefeuchteten Händen verteilen und fest drücken, dabei einen kleinen Rand hochziehen.

4 Für die Limettencreme alle Zutaten – bis auf Kokosöl und Limettenscheiben – im Mixer fein pürieren. Dann nach und nach das Kokosöl hinzufügen und weitermixen, bis eine glatte Creme entstanden ist. Die Limettencreme auf dem Boden gleichmäßig verteilen und alles im Tiefkühlfach in ca. 1 Std. fest werden lassen.

5 Währenddessen für die Cashewsahne die Cashewkerne in ein Sieb abgießen und abtropfen lassen. Dann mit Ahornsirup, 60 ml Wasser und 1 Prise Salz im Mixer fein pürieren. Auch hier das Öl nach und nach dazugeben und weitermixen, bis die Sahne schön cremig ist.

6 Die Sahne auf der Torte verteilen und diese erneut im Tiefkühlfach ca. 1 Std. fest werden lassen. Die Torte gekühlt genießen und danach im Kühlschrank aufbewahren, damit sie fest bleibt. Nach Belieben mit Limettenscheiben garnieren.

Dein Zyklusfood-Tipp:

Du möchtest gerne schwanger werden? Dann solltest du Avocado auf deinen Speiseplan setzen. Forscher aus Harvard haben herausgefunden, dass sie ein spezielles Fettsäurenspektrum aus vielen einfach ungesättigten Fettsäuren enthält, das dem Körper dabei hilft, gesunde Follikel heranreifen zu lassen – und so den Eisprung unterstützt.

EISPRUNG-PHASE – DER SOMMER

Jetzt geht es heiß her: Du erreichst den Höhepunkt deiner fruchtbaren Zeit und sprühst nur so vor guter Laune und Lust. Nutze deine von innen kommende Energie, um dich von ungesunden Angewohnheiten zu trennen und dir neue, gesunde Routinen anzueignen – und neue Rezepte auszuprobieren!

ROHES APFEL-ERDBEER-PORRIDGE

Muss Porridge immer mit Getreide sein? Ich finde nicht! Dieser besteht rein aus Obst und Nüssen und ist damit das perfekte Frühstück für die Eisprungphase, in der dein Stoffwechsel herunterfährt und du weniger Kohlenhydrate brauchst.

1 großer Apfel
(z. B. Gala oder Fuji)
13 große reife Erdbeeren
45 g Pekannusskerne
270 g Kokosmilch
1 TL Vanilleextrakt
¼ TL Zimtpulver
Salz
8 Mandeln
etwas dunkles Mandelmus
(nach Belieben)

Für 2 Personen
Zubereitung: 15 Min.

1 Den Apfel waschen, vierteln und entkernen. Die Viertel grob in Stücke schneiden. Die Erdbeeren putzen, waschen und 8 Stück zum Garnieren beiseitelegen. Die restlichen 5 Erdbeeren mit Apfelstücken, Kokosmilch, Pekannüssen, Vanilleextrakt, Zimt und 1 Prise Salz in den Mixer geben. Alles kurz mixen, bis eine grobe, Porridge-artige Konsistenz entstanden ist.

2 Zum Servieren die beiseitegelegten Erdbeeren in Scheiben schneiden, die Mandeln grob hacken. Das Porridge auf Schalen verteilen und mit den Erdbeeren und den Mandeln garnieren. Zuletzt nach Belieben mit Mandelmus beträufeln.

Dein Zyklusfood-Tipp:

Damit Pekannüsse und andere Nusskerne ihre gesundheitsförderliche Wirkung behalten, ist es wichtig, dass du sie kühl und trocken lagerst – am besten im Kühlschrank. Andernfalls können nämlich giftige Schimmelpilze namens Aflatoxine entstehen, die extrem schädlich für deine Gesundheit sind. Daher gilt: Sobald Nüsse komisch riechen oder schmecken, ölig glänzen oder schwarze Stellen aufweisen, bitte nicht mehr essen!

HERZHAFTES LINSEN-PORRIDGE

In Sri Lanka gibt es den Berg Adam's Peak, der einzige Ort weltweit, der von allen vier Weltreligionen gleichermaßen verehrt wird. Man pilgert frühmorgens hinauf, um den Sonnenaufgang zu sehen. Danach gibt es dieses Linsen-Frühstück.

200 g rote Linsen
200 g Kokosmilch
1 Zimtstange
1 TL Ingwerpulver
1 ½ TL Salz
¼ TL gemahlener Kreuzkümmel
¼ TL gemahlener Koriander
¼ TL edelsüßes Paprikapulver
8–10 Papadams (Asialaden)
1 EL natives Kokosöl

Für 2–3 Personen
Zubereitung: 25 Min.
Einweichen: 8 Std. (über Nacht)

1 Am Vorabend die roten Linsen in einer Schüssel mit Wasser bedeckt ca. 8 Std., am besten über Nacht, einweichen.

2 Am nächsten Tag die Linsen in ein Sieb abgießen und gründlich abbrausen. In einem Topf 250 ml Wasser erhitzen und Linsen, Kokosmilch und Gewürze hinzufügen. Alles einmal kurz aufkochen, danach die Linsen zugedeckt bei kleiner Hitze 15–20 Min. köcheln lassen, bis sie weich sind.

3 Währenddessen für die Papadams das Kokosöl in einem breiten Topf erhitzen und die Papadams darin nacheinander goldbraun ausbacken. Herausnehmen und auf Küchenpapier abtropfen lassen.

4 Zum Servieren das Porridge auf Schalen verteilen und mit den knusprigen Papadams anrichten.

Dein Zyklusfood-Tipp:

Rote Linsen müssen anders als die meisten anderen Hülsenfrüchte vor dem Kochen nicht eingeweicht werden, sondern können direkt gegart werden. Ich weiche sie aber trotzdem ein, da sie dadurch besser verdaulich sind und dein Körper enthaltene Nährstoffe wie etwa Zink leichter aufnehmen kann.

TROPISCHE SMOOTHIE-BOWL

Als Basis kommen in die Bowl viele tropische Früchte. Wer es weniger süß mag, tauscht als Nährstoff-Booster etwas vom Obst gegen grünes Gemüse wie Gurken oder Brokkoli und mixt noch 1 TL Algenpulver (z. B. Spirulina, Chlorella) unter.

2 Bananen
200 g Mango
¼ Ananas (ca. 120 g)
60 g Petersilie
80 ml Kokoswasser
1 TL getrocknetes Weizengras (nach Belieben)
100 g Blaubeeren
2 TL Kokosflocken
2 TL dunkles Mandelmus

Für 2 Personen
Zubereitung: 15 Min.
Tiefkühlen: 8 Std. (über Nacht)

1 Am Vorabend Bananen, Mango und Ananas schälen und grob in Stücke schneiden. Das Obst in eine Glasbox legen und verschlossen im Tiefkühlfach ca. 8 Std., am besten über Nacht, einfrieren.

2 Am nächsten Tag die Petersilie waschen, trocken tupfen und die Blätter abzupfen. Die gefrorenen Obststücke mit dem Kokoswasser und der Petersilie in den Mixer geben und alles zu einem cremigen Smoothie pürieren. Nach Belieben das Weizengras untermixen.

3 Zum Servieren die Beeren verlesen, waschen und trocken tupfen. Den Smoothie auf Gläser verteilen, mit Blaubeeren und Kokosflocken bestreuen und mit dem Mandelmus beträufeln.

Dein Zyklusfood-Tipp:

Anders als fettreiche Kokosmilch ist Kokoswasser eine klare Flüssigkeit, die sich in jungen, grünen Kokosnüssen findet. Kokoswasser besitzt eine süße Geschmacksnote und ist ein gesunder Durstlöscher voller Elektrolyte – ein ideales Erfrischungsgetränk für Sportlerinnen! Weizengras ist kalorienarm und zugleich reich an den Vitaminen C und E sowie dem Antioxidans Glutathion, das deine Leber bei der Entgiftung von überschüssigen Hormonen unterstützt. Du bekommst es als Pulver in Bioladen, Reformhaus oder Onlinehandel.

GRÜNER BROKKOLI-HUMMUS

Hummus ist ein Aufstrich, der mich schon manches Mal gerettet hat, wenn es unterwegs kaum Gesundes gab. Hier verleihe ich dem Klassiker mit Brokkoli entgiftungsfördernde Nährstoffe, wodurch er ideal für deine Eisprungphase wird.

1 kleiner Brokkoli
(ca. 350 g ohne Strunk)
3 Knoblauchzehen
3 EL Olivenöl
140 g Kichererbsen
(aus dem Glas)
1 ½ EL Zitronensaft
¼ TL Zwiebelpulver
½ TL Ahornsirup
Salz, Pfeffer

Für ca. 500 g
Zubereitung: 30 Min.

1 Den Backofen auf 180° vorheizen. Den Brokkoli putzen, waschen und in Röschen teilen, den Strunk schälen und grob in Stücke schneiden. Den Knoblauch schälen und halbieren. Brokkoli und Knoblauch mit dem Olivenöl bestreichen und auf einem Backblech verteilen. Dann das Gemüse im Ofen (Mitte) ca. 15 Min. garen, bis der Brokkoli leicht gebräunt ist. Herausnehmen und abkühlen lassen.

2 Währenddessen die Kichererbsen in einem Sieb abbrausen und abtropfen lassen. Danach das gebackene Gemüse mit 60 ml Wasser, den Kichererbsen und den restlichen Zutaten in den Mixer geben und alles so lange fein pürieren, bis ein cremiger Dip entstanden ist. Mit Salz und Pfeffer würzen. Der Dip passt zu Linsenwaffeln oder Rohkost-Gemüsesticks und hält sich abgedeckt im Kühlschrank ca. 5 Tage.

Dein Zyklusfood-Tipp:

Brokkoli ist mein Lieblingsgemüse in der Eisprungphase, da er einen Wirkstoff namens Diindolylmethan (DIM; s. S. 22) enthält, der die Entgiftung unterstützt und so einem Überschuss an Östrogen entgegenwirkt. Brokkoli kann dabei helfen, PMS-Beschwerden in der nachfolgenden Zyklusphase vorzubeugen. Diese entstehen meist durch eine sogenannte Östrogendominanz.

SALAT MIT LINSEN UND TOPINAMBUR

Meine geheime Leidenschaft? Durch den Biomarkt zu streifen und Obst- und Gemüsesorten mit unaussprechlichen Namen zu kaufen. Meine neueste Entdeckung: Topinambur! Leicht angebraten verwöhnt dich die Knolle mit spannenden Aromen.

100 g Beluga-Linsen
1 Stück getr. Kombu-Alge (nach Belieben)
500 g Topinambur
2 EL natives Kokosöl
Salz, Pfeffer
100 ml Birnensaft
2 EL Apfelessig
1 EL Ahornsirup
1 EL mittelscharfer Senf
6 EL Olivenöl
1 Mini-Romanasalat
½ rote Zwiebel

Für 3–4 Personen
Zubereitung: 40 Min.

1 Die Linsen in einem Sieb abbrausen und in einem Topf in ausreichend Wasser (ohne Salz!) zum Kochen bringen. Nach Belieben die Kombu-Alge dazugeben. Die Linsen einmal kurz aufkochen, dann zugedeckt bei kleiner Hitze in 15–20 Min. bissfest garen. Dabei nach ca. 12 Min. Garzeit den Biss der Linsen regelmäßig kontrollieren. Danach die Linsen in ein Sieb abgießen und abbrausen, abtropfen und abkühlen lassen, die Alge entfernen.

2 Währenddessen die Topinambur putzen, schälen und in einer Schüssel mit Wasser (am besten mit 1 Spritzer Zitronensaft) beiseitestellen. Anschließend Topinambur in ca. 1 cm große Würfel schneiden und trocken tupfen. Das Kokosöl in einer Pfanne erhitzen und den Topinambur darin bei mittlerer Hitze 4–5 Min. anbraten, salzen und pfeffern. Die Linsen in einer Salatschüssel noch warm mit Birnensaft, Essig, Ahornsirup, Senf und Olivenöl mischen.

3 Den Romanasalat waschen, trocken schleudern und in Streifen schneiden. Die Zwiebel schälen und fein würfeln. Beides mit dem Topinambur zum Linsendressing geben und gut untermischen. Zum Servieren den Salat mit Salz abschmecken und auf Tellern anrichten.

Dein Zyklusfood-Tipp:

Lange Zeit ein vergessenes Gemüse, kehrt der Topinambur langsam wieder in die Gemüseregale zurück. Die unscheinbaren Knollen, die wie Kartoffeln unter der Erde wachsen, schmecken ein wenig nach Artischocke, aber zugleich leicht nussig. Mit 80 Prozent Wasseranteil und 12 Gramm Ballaststoffen sind sie echte Leichtgewichte – ideal für deine Eisprungphase.

OFENMANDELKÄSE MIT TOMATENSALAT

Um veganen Käse selbst herzustellen, ist ein Nussmilchbeutel hilfreich. Er besteht aus feinmaschigem Gewebe und trennt flüssige von festen Bestandteilen. Alternativ geht auch eine Feinstrumpfhose oder ein Säckchen für Feinwäsche.

Für den Mandelkäse:
135 g blanchierte Mandeln
1 große Knoblauchzehe
3 geh. EL Hefeflocken
2 EL Zitronensaft
1 TL Salz
½ TL getr. Oregano
1 Nussmilchbeutel

Für den Tomatensalat:
1 kleine Knoblauchzehe
1 Schalotte
500 g Kirschtomaten
1 TL Kapern
6 Kalamata-Oliven (entsteint)
6 EL Olivenöl
2 EL Aceto balsamico
1 EL Zitronensaft
2 Prisen Salz

Für 2–3 Personen
Zubereitung: 25 Min.
Einweichen: 8 Std.
(über Nacht)
Backen: 40 Min.

1 Am Vorabend für den Käse die Mandeln in einer Schüssel mit Wasser bedecken und ca. 8 Std., am besten über Nacht, einweichen.

2 Am nächsten Tag den Backofen auf 180° (Umluft) vorheizen. Ein Backblech mit Backpapier belegen. Die Mandeln in einem Sieb gründlich abbrausen und abtropfen lassen, danach in den Mixer geben. Den Knoblauch schälen, fein würfeln und mit 125 ml Wasser sowie den restlichen Zutaten in den Mixer dazugeben. Alles cremig pürieren – das kann etwas dauern.

3 Die Masse in den Nussmilchbeutel füllen, die Flüssigkeit vollständig herauspressen und auffangen (z. B. für Mandel-Ayran verwenden, s. S. 117). Die Käsemischung auf dem Blech zu einem ca. 10 x 13 cm großen Block formen und im Ofen (Mitte) ca. 40 Min. backen, bis die Oberfläche Risse bekommt und sich leicht goldbraun färbt. Herausnehmen und vollständig abkühlen lassen.

4 Währenddessen für den Salat Knoblauch und Schalotte schälen und fein würfen. Die Tomaten waschen und in Stücke schneiden. Kapern und Oliven hacken.

5 Knoblauch und Schalotte in einem Sieb mit kochend heißem Wasser übergießen, kurz abtropfen lassen und in einer Salatschüssel mit Öl, Essig, Zitronensaft sowie Oliven und Kapern gut verrühren. Die Tomaten dazugeben und mit dem Dressing gründlich mischen, salzen. Zum Servieren den Tomatensalat auf Tellern anrichten und den Mandelkäse darüberbröseln.

ERDBEER-GAZPACHO MIT CASHEWCREME

Für Sommertage, an denen die Hitze auf den Appetit schlägt, haben die Spanier das perfekte Gericht erfunden: Gazpacho. Die eisgekühlte Suppe, die meist nur Gurke, Tomaten und Paprika enthält, habe ich für eine süße Note um Erdbeeren ergänzt.

Für die Suppe:

300 g Erdbeeren
400 g Kirschtomaten
1 Bund Basilikum
2 Datteln (entsteint)
60 ml Zitronensaft
60 ml Olivenöl
1 EL Aceto balsamico
1 ½ TL Salz
¼ TL Pfeffer

Für die Cashew-Crème-fraîche:

30 g Cashewkerne
1 TL vegane Joghurtalternative aus Kokos
2 EL ungesüßter Mandeldrink
1 TL Zitronensaft

Für 4 Personen
Zubereitung: 30 Min.
Kühlen: 1 Std.
(nach Belieben)

1 Für die Suppe die Erdbeeren putzen und waschen. Die Tomaten waschen. Das Basilikum waschen, trocken tupfen und die Blätter abzupfen, einige zum Garnieren beiseitelegen. Die Datteln grob hacken.

2 200 g Erdbeeren und 300 g Tomaten mit restlichem Basilikum, Dattelstücken, Zitronensaft, Olivenöl, Essig, Salz und Pfeffer in den Mixer geben und alles so lange fein pürieren, bis eine cremige Suppe entstanden ist. Die restlichen Tomaten und Erdbeeren grob hacken und unterrühren. Die Suppe nach Belieben im Kühlschrank noch ca. 1 Std. durchziehen lassen.

3 Für die Cashew-Crème-fraîche die Cashewkerne mit Kokosjoghurt, Mandeldrink und Zitronensaft im Blitzhacker kurz pürieren.

4 Zum Servieren die kühle Suppe auf tiefe Teller, Schalen oder Gläser verteilen. Jeweils 1 Klecks Cashew-Crème-fraîche daraufsetzen und mit dem beiseitegelegten Basilikum garnieren.

Dein Zyklusfood-Tipp:

Reife Cocktailtomaten verleihen dieser Suppe nicht nur eine unglaubliche Süße, sondern auch eine Menge Mikronährstoffe, insbesondere Vitamin C und Beta-Carotin. Letzteres ist ein sekundärer Pflanzenstoff, den unser Körper zu Vitamin A umwandelt – und genau das brauchen wir für gesunden Eisprung, vitale Haut und eine angenehme Periode. Jüngste Studien weisen darauf hin, dass Vitamin A auch bei der Erkrankung Endometriose unterstützend wirken kann.

DEIN ZYKLUSFOOD IM SOMMER

Während des Eisprungs sollten wir das angesammelte Östrogen abbauen, damit wir später im Zyklus keine Hormonprobleme bekommen. Der Fokus liegt auf der Entgiftung – dabei sind diese Zyklusfoods hilfreich:

GEMÜSE

Artischocken, Brokkoli, Gurken, Kohlrabi, Kresse, Möhren, Pak Choi, Radieschen, Rettich, Romanesco, Rosenkohl, Rucola, Schwarzkohl, Spargel, Staudensellerie, Tomaten, Topinambur, Wirsing, Zucchini

OBST

Açai-Beeren, Ananas, Blaubeeren, Cantaloupe-Melone, Cranberrys, Erdbeeren, Feigen, Goji-Beeren, Honigmelone, Litschi, Mango, Papaya, Sternfrucht, Wassermelone

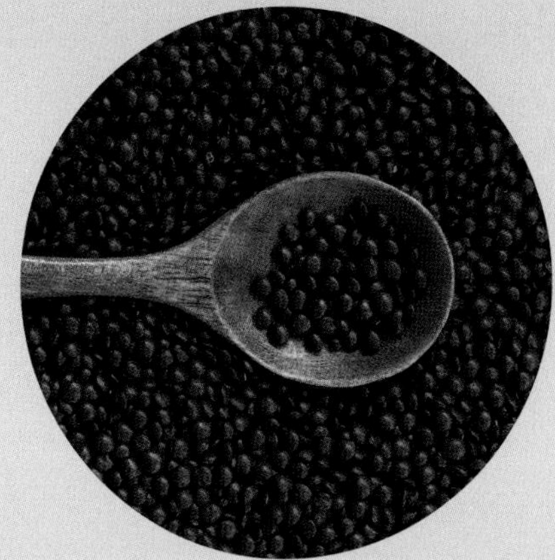

(PSEUDO-)GETREIDE

Amarant, Einkorn, Mais (Polenta), Quinoa, Teff

HÜLSENFRÜCHTE

Beluga-Linsen, braune Linsen, gelbe Erbsen, grüne Linsen, rote Linsen

NÜSSE UND ÖLES

Kokosnuss, Mandeln, Pinienkerne, Basilikumsamen

SONSTIGES

Carob, Frauenmantel, Liebstöckel, Shatavari, Vanille; in Maßen: Kaffee, schwarzer Tee, Alkohol

Rohkost first! In der Traditionellen Chinesischen Medizin (TCM) wird die Eisprungphase als eine »heiße« Phase des Körpers angesehen, in der dir Rohkost – etwa in Form von Salaten, Bowls oder Smoothies – guttut, um dich wieder »abzukühlen«. Zudem sind rohes Gemüse und Obst kalorienarm und liefern reichlich Ballaststoffe, die lange satt machen. Mein Lieblingstrick? Ich tausche beispielsweise klassische Pasta gegen rohe Zucchini-Nudeln (Zoodles), die ich mit dem Spiralschäler ganz einfach selbst mache.

TOMATEN-RADIESCHEN-TABOULEH

Der erste Urlaub mit meinem Mann ging nach Israel, weshalb diese Küche jetzt einen festen Platz in meinem Herzen hat. Das Rezept ist eine Fusion aus israelischer und bayerischer Küche, bei der Radieschen zu jeder guten Brotzeit gehören.

Salz
200 g Vollkorncouscous
200 g Kirschtomaten
155 g Radieschen
1 Bund Frühlingszwiebel
2 EL gehackte Petersilie
2 EL gehackte Minze
2 EL Olivenöl
3 EL Zitronensaft

Für 2 Personen
Zubereitung: 25 Min.
Quellen: 30 Min.

1 In einem Topf 300 ml Wasser mit 1 Prise Salz aufkochen. Den Couscous hineingeben und einmal kurz aufkochen. Danach vom Herd nehmen, einmal gründlich durchrühren und zugedeckt ca. 30 Min. quellen lassen.

2 Inzwischen die Tomaten waschen und in Würfel schneiden. Die Radieschen putzen, waschen und in dünne Scheiben schneiden. Die Frühlingszwiebeln putzen, waschen und fein hacken. Alles in eine Salatschüssel geben und mit Kräutern und Couscous verrühren.

3 Zum Servieren das Tabouleh mit Öl und Zitronensaft mischen und mit Salz abschmecken. Wenn du den Salat nicht gleich isst, sondern im Kühlschrank parkst, am besten direkt zum Servieren nochmals nachwürzen, weil der Couscous sehr stark saugt.

Dein Zyklusfood-Tipp:

Ein gutes Tabouleh braucht nicht nur Couscous und etwas Gemüse, sondern vor allem eines: Kräuter, Kräuter und noch mal Kräuter! Ich habe hierfür Petersilie und Minze verwendet. Wer will, ergänzt noch etwas frisches Koriandergrün – aber nur, falls es dir schmeckt, denn bekanntlich scheiden sich am Koriander stark die Geister.

TOFU-WRAPS MIT MANGO-SALSA

Die Zutatenliste mag lang erscheinen, doch die Mühe lohnt sich. Die fruchtige Salsa und die cremige Guacamole bieten ein schönes Gegengewicht zum würzigen Tofu – ein tolles Essen für eine Date-Night oder ein Dinner mit Freunden.

Für die Salsa:
1 Mango, 1 Schalotte
3 rote Spitzpaprika
½ Bund Petersilie
1 EL Limettensaft
1 ½ TL Apfelessig
¼ TL Sriracha-Sauce

Für die Guacamole:
1 ½ Avocados
Saft von ½ Limette
4 Kirschtomaten
1 Schalotte, ½ TL Salz
Cayennepfeffer

Für die Wraps:
270 g geräucherter Tofu
1 Schalotte
1 Knoblauchzehe
2 EL natives Kokosöl
je 1 TL edelsüßes und geräuchertes Paprikapulver
½ TL gemahlener Koriander
½ TL gemahlener Kreuzkümmel
1 ½ TL Sojasauce
3 TL Ahornsirup
1 EL Limettensaft
6 Vollkorn-Wraps

Für 2–3 Personen
Zubereitung: 30 Min.

1 Für die Salsa die Mango schälen, das Fruchtfleisch erst vom Stein und dann in kleine Würfel schneiden. Schalotte schälen und in sehr dünne Ringe schneiden. Paprika waschen, halbieren, weiße Trennwände und Kerne entfernen, die Hälften klein würfeln. Die Petersilie waschen, trocken tupfen, die Blätter abzupfen und fein hacken. Alles in einer Schüssel mischen und mit Limettensaft, Apfelessig und Sriracha-Sauce würzen.

2 Für die Guacamole die Avocados halbieren, entkernen und schälen. Das Fruchtfleisch mit einer Gabel zerdrücken und sofort mit Limettensaft beträufeln, damit es sich nicht bräunlich verfärbt. Tomaten waschen und klein schneiden. Schalotte schälen und klein würfeln. Tomaten und Schalotte zum Avocadobrei geben und die Guacamole mit Salz und 1 Prise Cayennepfeffer abschmecken.

3 Für die Wraps den Tofu in dünne Scheiben schneiden. Schalotte schälen und in Streifen schneiden. Knoblauch schälen und fein würfeln. Beides in einer großen Pfanne im Kokosöl bei mittlerer Hitze in ca. 1 Min. glasig andünsten, dann den Tofu dazugeben und ca. 2 Min. braten. Mit beiden Paprikapulvern, Koriander und Kreuzkümmel würzen und noch ca. 1 Min. braten. Danach mit Sojasauce, Ahornsirup und Limettensaft ablöschen, den Sud kurz einköcheln lassen und alles vom Herd nehmen.

4 Zum Servieren die Wraps in einer Pfanne ohne Fett nacheinander kurz erwärmen, dann herausnehmen, mit der Tofumischung sowie der Guacamole füllen und die Salsa dazu reichen.

Dein Zyklusfood-Tipp

Sri-was? Die Sauce mit dem seltsamen Namen stammt aus der thailändischen Hafenstadt Si Racha. Sie besteht größtenteils aus roten Chili, was sie sehr scharf macht. Du bekommst sie in jedem gut sortierten Supermarkt. Ich habe für die Salsa nur wenig verwendet – wer will, kann den Sriracha-Anteil nach Belieben erhöhen.

EDAMAME-NUDELN MIT CARBONARA-SAUCE

In den letzten Jahren sind Nudeln aus Hülsenfrüchten immer beliebter geworden. Für dieses Gericht habe ich Edamame-Nudeln in Linguine-Form verwendet, du kannst aber auch jede andere Art von Hülsenfrüchte-Pasta nehmen.

1 Zwiebel
2 Knoblauchzehen
200 g geräucherter Tofu
150 g helles Mandelmus
2 TL Zitronensaft
abgeriebene Schale von ½ Bio-Zitrone
2 EL natives Kokosöl
Salz, Pfeffer
150 g Edamame-Nudeln (oder eine andere Nudelsorte aus Hülsenfrüchten)
1 EL Olivenöl
etwas gehackte Petersilie (nach Belieben)

Für 3–4 Personen
Zubereitung: 25 Min.

1 Zwiebel und Knoblauch schälen und fein würfeln. Den Tofu in kleine Würfel schneiden. Das Mandelmus mit 300 ml Wasser, Zitronensaft und -schale gründlich verrühren.

2 Das Kokosöl in einer Pfanne erhitzen und Zwiebel und Knoblauch darin ca. 1 Min. anbraten. Die Tofuwürfel hinzufügen und weitere 6 Min. anbraten. Alles mit dem Mandelmus-Mix ablöschen und gründlich verrühren. Die Sauce kurz aufkochen, dann vom Herd nehmen und mit Salz und Pfeffer abschmecken.

3 Währenddessen die Edamame-Nudeln nach Packungsanweisung in Salzwasser bissfest garen. In einem Sieb abtropfen lassen, unter die Carbonara-Sauce heben und gut mischen. Zum Servieren die Pasta auf tiefe Teller verteilen und mit der Petersilie garnieren.

Dein Zyklusfood-Tipp:

Für dieses Gericht ist es wichtig, dass du helles, also weißes Mandelmus verwendest und kein dunkles, also braunes. Nur so entsteht eine sahnige Sauce. Falls es nicht erhältlich ist, kannst du einfach blanchierte Mandeln auf einem Backblech im auf 180° vorgeheizten Ofen (Mitte) 5–10 Min. rösten, anschließend herausnehmen und abkühlen lassen. Die abgekühlten Mandeln im Mixer dann so lange mahlen, bis das Mandelöl austritt und ein cremiges Mus entstanden ist.

FROZEN RICE CAKES MIT BLAUBEEREN

Du brauchst einen süßen Snack, der keinerlei Backen erfordert und schnell geht? Dann sind diese Rice Cakes das Dessert schlechthin für dich: Sie sind ruckzuck fertig und müssen ein Stündchen ins Tiefkühlfach, bevor du sie kühl genießen kannst.

250 g Blaubeeren
100 g vegane Joghurtalternative aus Kokos
1 EL Proteinpulver mit Vanillegeschmack
½ TL Zimtpulver
100 g Zartbitterschokolade (mind. 70 % Kakaoanteil)
8 ungesüßte Reiswaffeln

Für 8 Stück
Zubereitung: 15 Min.
Tiefkühlen: 1 Std.

1 Die Beeren verlesen, waschen und trocken tupfen. Den Joghurt mit Vanilleprotein und Zimt in einer Schüssel verrühren. Die Schokolade grob hacken und in einer Metallschüssel über dem heißen Wasserbad unter Rühren schmelzen.

2 Auf jeder Reiswaffel ca. 1 ½ TL Joghurtmischung verteilen und mit Blaubeeren belegen. Mit der flüssigen Schokolade vorsichtig überziehen und die Rice Cakes nebeneinander auf ein Tablett setzen.

3 Die Reiswaffeln im Tiefkühlfach in ca. 1 Std. abkühlen und fest werden lassen. Am besten kalt snacken. Sie halten sich im Tiefkühlfach ca. 2 Wochen. Vor dem Essen rechtzeitig auftauen lassen!

Dein Zyklusfood-Tipp:

Reiswaffeln sind ein kalorien- und fettarmer, gesunder Snack für zwischendurch. Allerdings ist es sehr wichtig, dass du auf gute Qualität achtest. Denn Reiswaffeln können in einigen Fällen mit krebserregenden Schadstoffen wie Arsen und Acrylamid belastet sein. Die Zeitschrift Öko-Test hat hierzu immer wieder Untersuchungen gemacht und erklärt, welche Reiswaffeln schadstofffrei sind beziehungsweise unbedenklich genossen werden können.

VEGANER MANDEL-AYRAN

Das türkische Joghurtgetränk ist die ideale Ergänzung zu einem würzig-scharfen Gericht. Statt Joghurt nehme ich den Mandeldrink, der bei der Herstellung des Mandelkäses auf S. 106 entsteht. So zaubere ich zwei Gerichte ohne Mehraufwand.

aufgefangene Flüssigkeit des Ofenmandelkäses (s. S. 106)
1 TL Zitronensaft
1 EL gehackte Minze

Für 2 Personen
Zubereitung: 5 Min.

1 Die Flüssigkeit des Mandelkäses wie im Rezept auf S. 106 beschrieben auffangen. Mit 180 ml Wasser, Zitronensaft und Minze in den Mixer geben und alles zu einem cremigen Getränk mixen. Falls dir der Mandel-Ayran zu salzig ist, kannst du noch mehr Wasser hinzufügen.

Dein Zyklusfood-Tipp:

Der Mandel-Ayran lässt sich im Kühlschrank 3–4 Tage aufbewahren. Wundere dich nicht, wenn sich die Flüssigkeit trennt und oben eine weiße Schicht sowie unten die klare Schicht entsteht. Das ist völlig normal. Einfach den Ayran kurz schütteln und schon verbindet sich alles wieder zu einem cremigen Getränk.

ERDBEERSHAKE-TÖRTCHEN

Seit jeher ist mein Vater ein großer Erdbeershake-Fan. Um ihn zum Geburtstag zu überraschen, entwickelte ich dieses Rezept für rohe Erdbeershake-Törtchen, die – anders als der klassische Shake – gesund und lecker zugleich sind.

Für den Boden:
300 g Mandeln
30 g natives Kokosöl
20 g Ahornsirup

Für den Belag:
60 g Kakaobutter (am besten als Chips)
50 g Xylit
150 g helles Mandelmus
Salz
230 g Erdbeeren

Außerdem:
8 Muffinpapierbackförmchen

Für 1 9er-Muffinform (8 Stück)
Zubereitung: 15 Min.
Tiefkühlen: 30 Min.

1 Für den Boden 8 Mulden der Muffinform mit Papierförmchen auslegen. Die Mandeln im Mixer mit Mahlwerk fein mahlen (alternativ gemahlene Mandeln kaufen). Anschließend mit Kokosöl und Ahornsirup in einer Rührschüssel mit den Knethaken des Handrührgeräts verkneten. Den Teig in 8 Stücke teilen und jeweils zu einem kleinen Boden in die Mulden der Muffinform drücken.

2 Für die Creme des Belags die Kakaobutter, falls nötig, grob hacken und in einer Metallschüssel über dem heißen Wasserbad unter Rühren schmelzen. Dann mit Xylit, Mandelmus und 1 Prise Salz in den Mixer geben und alles fein pürieren. Die Creme auf den Teigböden verteilen und im Tiefkühlfach in ca. 30 Min. fest werden lassen.

3 Zum Servieren die Erdbeeren putzen, waschen und in Scheiben schneiden. Die Böden aus den Förmchen lösen und mit den Erdbeerscheiben garnieren. Am besten noch gekühlt genießen.

Dein Zyklusfood-Tipp:

Eine tolle Alternative zu klassischem Haushaltszucker ist Birkenzucker (Xylit). Wie der Name sagt, wird das Süßungsmittel aus Birkenrinde gewonnen, es kommt aber auch natürlich in einigen Frucht- und Gemüsesorten vor. Xylit schmeckt genauso süß wie der weiße Haushaltszucker, beeinflusst den Blutzuckerspiegel aber kaum und enthält nur halb so viel Kalorien wie Haushaltszucker. Und Xylit hat noch einen Vorteil: Es schützt sogar vor Karies, da es das Wachstum von Kariesbakterien reduziert.

LUTEALPHASE – DER HERBST

Jetzt ist die richtige Zeit, um sich einzukuscheln! In der Lutealphase macht dein extrovertiertes Ich Platz für deine introvertierten Seiten: Darum gönne dir die Ruhe und Me-Time, die du jetzt brauchst – und schütze mit dem richtigen Zyklusfood deinen Körper vor PMS-Beschwerden!

Lutealphase

BAKED OATS MIT BIRNE UND VANILLE

In der Lutealphase fühle ich mich wie viele Frauen häuslicher und sehne mich nach Gemütlichkeit. Deshalb liebe ich es, diese köstlichen Baked Oats an einem Samstagmorgen zu backen und danach den ganzen Tag davon zu naschen.

3 Birnen
2 reife Bananen
200 g kernige Haferflocken
500 ml ungesüßter Haferdrink
2 EL Proteinpulver mit Vanillegeschmack
2 TL Backpulver
2 TL gemahlene Vanille
Salz
6 EL gehackte Cashewkerne
flüssiges Cashewmus zum Servieren
natives Kokosöl für die Form

Für 6 Personen
Zubereitung: 15 Min.
Backen: 40 Min.

1 Den Backofen auf 175° (Umluft) vorheizen. Eine Auflaufform (18 × 27 cm) mit Kokosöl leicht einfetten.

2 Die Birnen waschen, vierteln, entkernen und in kleine Stücke schneiden. Die Bananen schälen und mit Haferflocken, Haferdrink, Proteinpulver, Backpulver, Vanille und 1 Prise Salz in den Mixer geben. Alles auf hoher Stufe zu einer glatten Masse mixen.

3 Die Hälfte der Masse in der Form verteilen und mit den Birnenstücken belegen. Die Hälfte (3 EL) der gehackten Cashewkerne darüberstreuen. Danach die restliche Teigmasse darübergeben und mit den übrigen 3 EL Cashewkernen bestreuen.

4 Die Oats im Ofen (Mitte) ca. 40 Min. backen, bis der Teig etwas aufgegangen und leicht goldbraun ist. Aus dem Ofen nehmen und kurz abkühlen lassen, zum Servieren auf Tellern anrichten und jeweils mit etwas Cashewmus beträufeln.

Dein Zyklusfood-Tipp:

Mein liebstes Mittel gegen Stimmungsschwankungen und schlechte Laune in der Lutealphase ist nicht etwa Schokolade – nein, es sind Cashewkerne, und zwar am besten in rauen Mengen! Denn diese sind ein hervorragender Lieferant für die Aminosäure Tryptophan, die dein Körper benötigt, um daraus im Gehirn das Glückshormon Serotonin herzustellen. So liefern Cashewkerne einen wichtigen Beitrag für deine stabile Stimmung in dieser Zyklusphase.

Lutealphase

FRÜHSTÜCKS-FRITTATA

Hier kommt eine Art italienisches Omelett, eine Frittata, die super für eine deftige Mahlzeit nach langen Nächten ist. Sie schmeckt fantastisch zum Frühstück und enthält anders als das Original keine Eier, sondern nur pflanzliche Zutaten.

300 g vorwiegend festkochende Kartoffeln
50 g Tofu rosso
1 rote Zwiebel
2 TL Kapern
70 getr. Tomaten (in Öl eingelegt)
10 grüne Oliven (entsteint)
3 EL natives Kokosöl
7 EL geröstetes Kichererbsenmehl
1 EL Apfelessig
1 TL gemahlene Kurkuma
½ TL Kala Namak (Schwefelsalz)
Pfeffer

Für 2 Personen
Zubereitung: 45 Min.

1 Die Kartoffeln schälen, waschen und 1–2 cm groß würfeln. Den Tofu mit einer Gabel zerbröseln. Zwiebel schälen und fein würfeln. Kapern und Tomaten klein hacken, die Oliven in Ringe schneiden. 1 EL Kokosöl in einer Pfanne erhitzen und Kartoffeln und Zwiebel darin ca. 12 Min. garen, dabei ab und zu wenden.

2 Anschließend in einer Rührschüssel Kichererbsenmehl, Essig, Kurkuma, Kala Namak und Pfeffer mit 230 ml Wasser mit einem Schneebesen gründlich verrühren. Erst Kapern, Tomaten und Oliven untermischen, dann den Kartoffel-Zwiebel-Mix locker unterheben.

3 Erneut 1 EL Kokosöl in der Pfanne erhitzen und die Frittata-Mischung darin gleichmäßig verteilen. Die Frittata bei mittlerer Hitze auf einer Seite ca. 8 Min. anbraten, dann vorsichtig mit einem Pfannenwender vom Pfannenboden lösen und auf einen großen Teller gleiten lassen.

4 Nochmals 1 EL Kokosöl in die Pfanne geben und den Teller über der Pfanne umdrehen, sodass die Frittata hineingleitet und auf der anderen Seite anbraten kann. Die Frittata noch ca. 8 Min. braten, dann aus der Pfanne nehmen und noch warm auf Tellern anrichten.

Dein Zyklusfood-Tipp:

Wie bekommt man den typischen Geschmack von Eiern in die Frittata? Das Zauberwort lautet Kala Namak. Das ist eine Salzsorte, die vor allem in der indischen und südasiatischen Küche eingesetzt wird und an das schweflige Aroma von gekochten Eiern erinnert.

Lutealphase

STICKY OATS MIT MANDARINE

Am besten bereitest du dir die Oats bereits am Vorabend zu. So kann alles über Nacht quellen, wodurch die enthaltenen Nährstoffe besser verfügbar werden. Am nächsten Morgen dann nur noch die Mandarinen schälen und untermischen.

70 g Cashewkerne
4 Datteln (entsteint)
2 TL Ingwerpulver
2 TL gemahlene Kurkuma
½ TL Zimtpulver
1 TL Vanilleextrakt
165 g zarte Haferflocken
2 EL Chia-Samen
4 Mandarinen
flüssiges Cashewmus zum Garnieren

Für 3–4 Personen
Zubereitung: 15 Min.
Einweichen: 2 Std.
Ziehen: 8 Std. (über Nacht)

1 Am Vorabend die Cashewkerne mit den Datteln in eine Schüssel geben, mit kochend heißem Wasser übergießen und mindestens 2 Std. einweichen.

2 Anschließend Datteln und Cashewkerne in ein Sieb abgießen, abbrausen und kurz abtropfen lassen. Dann mit 550 ml Wasser im Mixer so lange mixen, bis keine Stückchen mehr vorhanden sind.

3 Ingwer- und Kurkumapulver mit 4 EL Wasser in einer kleinen Schüssel verrühren, Zimt und Vanille hinzufügen. Haferflocken und Chia-Samen in einer großen Schüssel mischen, mit dem Ingwer-Kurkuma-Mix übergießen und gut mischen. Die Cashew-Dattel-Mischung hinzufügen und alles gründlich verrühren. Die Masse zugedeckt im Kühlschrank ca. 8 Std., am besten über Nacht, ziehen lassen.

4 Am nächsten Morgen die Konsistenz überprüfen. Wenn die Oats zu fest sind, noch etwas Pflanzendrink oder Wasser hinzufügen. Alle Mandarinen schälen und in die Segmente teilen, 2 Mandarinen in kleine Stücke schneiden und unter die Sticky Oats mischen.

5 Zum Servieren die Mischung auf Schalen verteilen und mit den restlichen Mandarinen und etwas Cashewmus garnieren.

SÜSSKARTOFFEL-PINTO-DIP

Lutealphase

Es grenzt an Energieverschwendung, nur für eine Süßkartoffel den Ofen anzuschalten. Daher versuche ich vorausschauend zu kochen und backe im Ofen gleich eine zweite Süßkartoffel mit, zum Beispiel für das Rezept mit Chili-Mais von S. 144.

230 g getr. Pinto-Bohnen
1 Stück getr. Kombu-Alge (nach Belieben)
1 Süßkartoffel (ca. 240 g)
abgeriebene Schale von 1 Bio-Limette
2 EL Limettensaft
2 EL Olivenöl
½ TL geräuchertes Paprikapulver
½ TL getr. Majoran
½ TL gemahlener Kreuzkümmel
¼ TL Cayennepfeffer
2 EL Hefeflocken
Salz

Für ca. 500 g
Zubereitung: 1 Std. 10 Min.
Einweichen: 8 Std. (über Nacht)
Garen: 50 Min.

1 Am Vorabend die Pinto-Bohnen in einer Schüssel mit reichlich Wasser bedeckt ca. 8 Std., am besten über Nacht, einweichen.

2 Am nächsten Tag den Backofen auf 200° (Umluft) vorheizen. Die Pinto-Bohnen in ein Sieb abgießen und gründlich abbrausen, dann in einem Topf in Wasser (ohne Salz!) kurz aufkochen und zugedeckt bei kleiner Hitze in ca. 1 Std. weich garen. Nach Belieben die Kombu-Alge dazugeben. Anschließend die Bohnen in ein Sieb abgießen und abtropfen lassen.

3 Inzwischen die Süßkartoffel waschen und mit einer Gabel mehrmals rundum einstechen, damit der Dampf später entweichen kann. Die Süßkartoffel auf ein Backblech legen und im Ofen (Mitte) ca. 50 Min. backen, bis sie weich und gar ist.

4 Die Süßkartoffel aus dem Ofen nehmen und kurz abkühlen lassen, dann halbieren, das Innere herauskratzen und in den Mixer geben. Die gegarten Bohnen und die restlichen Zutaten hinzufügen und alles zu einem cremigen Dip pürieren. Den Dip mit Salz abschmecken. Er passt perfekt zu getoastetem Vollkornbrot.

Dein Zyklusfood-Tipp:

Pinto-Bohnen, auch Wachtelbohnen genannt, erkennst du an den beige-braunen Sprenkeln, die an Wachteleier erinnert. Die Bohnen sind wie gemacht für Dips, da sie beim Garen mehlig werden. Sie sind reich an komplexen Kohlenhydraten und Eiweiß, die in deiner Lutealphase Heißhungerattacken bremsen. Dazu enthalten sie viele B-Vitamine und Magnesium, die PMS-Beschwerden reduzieren.

SPARGEL-BAGELS MIT VEGANEM OMELETT

Eggs Benedict sind ein Frühstücksklassiker in den USA. Hier eine pflanzliche Variante: Wir tauschen die Eier gegen ein Kichererbsen-Omelett und die Hollandaise gegen eine Variante aus Cashewkernen – mindestens genauso lecker wie das Origina!

Für das Omelett:
90 g geröstetes Kichererbsenmehl
1 EL Hefeflocken
½ TL Kala Namak (Schwefelsalz)
½ TL gemahlene Kurkuma
½ TL edelsüßes Paprikapulver
1 EL Sojasauce
4 EL natives Kokosöl

Für den Tempeh:
500 g Gyros-Tempeh
2 EL natives Kokosöl
2 EL geräuchertes Paprikapulver
2 EL BBQ-Sauce
2 EL Ahornsirup
10 Tropfen Flüssigrauch

Für die Bagels:
1 Bund grüner Spargel (ca. 15 Stangen; oder Mini-Spargel)
Salz
1 EL natives Kokosöl
150 g Blattspinat
1 EL Olivenöl
4 Bagels oder Toasties

Für 4 Personen
Zubereitung: 1 Std. 10 Min.

1 Für das Omelett Mehl, Hefeflocken und Gewürze mischen und Sojasauce und 360 ml Wasser gründlich unterrühren. 2 EL Kokosöl in einer Pfanne erhitzen, die Hälfte der Masse darin bei mittlerer bis großer Hitze auf jeder Seite in ca. 5 Min. zu einem kleinen veganen Omelett braten. Aus den restlichen Zutaten ein weiteres Omelett backen, beide im Ofen bei 50° warm halten.

2 Den Tempeh in dünne Streifen schneiden und in einer Pfanne im Öl auf beiden Seiten 5–10 Min. braten. Mit Paprikapulver, BBQ-Sauce, Ahornsirup und Flüssigrauch würzen und den Sud kurz einköcheln, ebenfalls warm halten.

3 Für die Bagels den Spargel waschen, im unteren Drittel schälen und die holzigen Enden abschneiden. In Salzwasser ca. 3 Min. blanchieren, abgießen und trocken tupfen. Dann den Spargel in der Pfanne im Kokosöl mit 1 Prise Salz in ca. 5 Min. bissfest garen, ebenfalls im Ofen warm halten.

4 Den Spinat verlesen, waschen und trocken schleudern. In einem kleinen Topf im Olivenöl in ca. 2 Min. zusammenfallen lassen, salzen.

5 Zum Servieren die Bagels toasten, quer halbieren und mit Spinat, Kichererbsen-Omelett, Tempeh und Spargel belegen. Nach Belieben noch mit einer warmen Cashew-Hollandaise (s. Tipp) beträufeln.

Dein Zyklusfood-Tipp:

Für die Hollandaise 100 g Cashewkerne in heißem Wasser ca. 30 Min. einweichen. In ein Sieb abgießen, mit 250 ml ungesüßtem Mandeldrink, 60 ml Olivenöl, 2 EL nativem Kokosöl, je 2 EL Apfelessig und Zitronensaft, 2 EL Hefeflocken, ½ TL Senf, ¼ TL Kurkuma und 80 ml Wasser mixen. In einem Topf ca. 5 Min. einköcheln.

DEIN ZYKLUSFOOD IM HERBST

In der Lutealphase snacken wir Beschwerden wie Heißhungerattacken, Stimmungsschwankungen oder Wassereinlagerungen ganz einfach weg – und zwar am besten mit diesen hier aufgelisteten Zyklusfoods.

GEMÜSE

Auberginen, Blumenkohl, Brokkoli, Chinakohl, Frühlingszwiebeln, Kartoffeln, Knollensellerie, Kürbis, Lauch, Mairübchen, Möhren, Pastinaken, Rettich, Rote Bete, Süßkartoffeln, Weißkohl, Yamswurzel

OBST

Acerola-Kirschen, Apfel, Birnen, Clementinen, Jackfrucht, Kaki, Kiwi, Kumquat, Mandarinen, Orangen, Sanddorn, Trockenobst (Aprikosen, Datteln, Feigen, Rosinen)

(PSEUDO-)GETREIDE

Hafer, Hirse, Gerste, Kamut, Teff, Wildreis

HÜLSENFRÜCHTE

Butterbohnen, Kichererbsen, Riesenbohnen, weiße Bohnen

NÜSSE UND ÖLE

Chia-Samen, Cashewkerne, Macadamianusskerne, Pistazienkerne

SONSTIGES

Bockshornkleesamen, Brennnessel, Fenchelsamen, Hefeflocken, Kreuzkümmel, Lavendel, Löwenzahnwurzel, Pfefferminze, Ringelblume, Zimt; Vitalpilzc (Chaga, Cordyceps, Igelstachelbart, Reishi)

Koffein solltest du während dieser Zyklusphase unbedingt meiden, da es PMS-Beschwerden verstärken kann. Aber was dann zum Frühstück trinken? Ich mache mir immer einen Moon Coffee, das ist eine Mischung aus den vier Vitalpilzen Reishi, Chaga, Cordyceps und Igelstachelbart. Sie schenken dir einen klaren Fokus, ohne dich aufzuputschen, stärken das Immunsystem und reduzieren Entzündungen im Körper. In Kombination mit Kurkuma ist es ein sehr wirkstarkes Mittel gegen PMS.

RÖSTKARTOFFELN MIT KRÄUTERSEITLINGEN

Das Gericht eignet sich wunderbar für kalte Wintertage, da es durch das viele Wurzelgemüse sehr wärmend auf deinen Körper wirkt. Wenn du keine Kräuterseitlinge findest, kannst du auch eine andere Pilzsorte verwenden.

Für die Röstkartoffeln:
1,2 kg vorwiegend festkochende Kartoffeln
2 EL Olivenöl, Salz
1 TL edelsüßes Paprikapulver

Für die Selleriecreme:
500 g Knollensellerie
2 Knoblauchzehen
2 EL natives Kokosöl
Salz, 1 TL Ahornsirup
250 ml ungesüßter Mandeldrink, 5 g getr. Thymian
1 Lorbeerblatt
1 EL Hefeflocken

Für die Pilze:
2 rote Zwiebeln
380 g Kräuterseitlinge
100 g Blattspinat
2 EL natives Kokosöl
je ½ TL edelsüßes und geräuchertes Paprika-, Knoblauchpulver und Rauchsalz
½ TL
200 ml ungesüßter Sojadrink
2 EL Sojasauce
2 EL Hefeflocken

Für 2–3 Personen
Zubereitung: 50 Min.
Backen: 30 Min.

1 Für die Röstkartoffeln den Backofen auf 200° (Umluft) vorheizen. Die Kartoffeln gründlich waschen und samt Schale in ca. 5 mm dünne Scheiben schneiden. In einer großen Schüssel mit Öl, 1 TL Salz und Paprikapulver mischen. Auf einem Backblech verteilen und im Ofen (Mitte) in 25–30 Min. knusprig backen.

2 Inzwischen für die Selleriecreme den Sellerie putzen, schälen und in ca. 1 cm große Würfel schneiden. Knoblauch schälen, fein würfeln und in einem Topf im Öl ca. 1 Min. anbraten. Sellerie, 1 TL Salz und Ahornsirup dazugeben und alles 5–6 Min. anbraten. Mandeldrink, Thymian und Lorbeerblatt hinzufügen. Alles kurz aufkochen, dann bei kleiner Hitze noch ca. 15 Min. köcheln lassen. Anschließend das Lorbeerblatt entfernen und alles im Topf mit dem Pürierstab cremig pürieren, mit Hefeflocken und Salz abschmecken.

3 Für die Pilze die Zwiebeln schälen und fein würfeln. Die Pilze putzen, bei Bedarf mit einem Tuch abreiben und in Scheiben schneiden. Den Spinat verlesen, waschen und trocken schleudern. Zwiebeln und Pilze in einer Pfanne im Öl bei großer Hitze ca. 3 Min. anbraten.

4 Dann die Temperatur reduzieren, beide Paprikapulver, Knoblauchpulver und Rauchsalz hinzufügen und alles noch ca. 5 Min. weiterbraten. Mit Sojadrink und Sojasauce ablöschen und alles noch ca. 1 Min. köcheln lassen. Zuletzt Spinat und Hefeflocken hinzufügen und alles noch ca. 3 Min. garen.

5 Zum Servieren die Röstkartoffeln auf Tellern verteilen, die Pilzmischung darübergeben und mit der Selleriecreme toppen.

KÜRBIS-REIS-BÄLLCHEN MIT MÖHRENSALAT

Rohe Möhren stabilisieren deine Hormonbalance in dieser Phase, falls du unter Östrogendominanz leidest. Du kannst dir den Möhrensalat auch als Snack für zwischendurch ohne die Bällchen machen – dann ist er blitzschnell fertig.

Für die Bällchen:
100 g Wildreis, Salz
2 EL Chia-Samen
200 g Butternutkürbis
1 große Schalotte
250 g Kichererbsen (aus dem Glas)
2 TL Hefeflocken
1 TL getr. Oregano
1 TL getr. Majoran
1 ½ TL Salz
½ TL gemahlene Kurkuma
½ TL edelsüßes Paprikapulver

Für den Salat:
4 große Möhren (ca. 400 g)
4 TL Apfelessig
4 TL Olivenöl
Salz, Pfeffer

Für die Sauce:
50 g Tahin (Sesampaste)
Saft von ½ Orange
1 TL Sojasauce
Salz

Für 2–3 Personen
Zubereitung: 50 Min.
Backen: 30 Min.

1 Für die Bällchen den Reis in einem Topf in 200 ml Wasser und 1 Prise Salz kurz aufkochen, dann zugedeckt bei kleiner Hitze in ca. 25 Min. bissfest garen. Inzwischen die Chia-Samen in einer Schüssel mit 3 EL Wasser ca. 10 Min. quellen lassen. Danach nochmals 2 EL Wasser unterrühren und erneut 10 Min. quellen lassen.

2 Den Backofen auf 180° (Umluft) vorheizen. Ein Backblech mit Backpapier belegen. Kürbis putzen, schälen und entkernen, auf der Gemüsereibe fein raspeln und in eine Rührschüssel geben. Schalotte schälen und fein würfeln. Kichererbsen in ein Sieb abgießen, abbrausen und im Mixer zu Brei pürieren. Mit der Schalotte zum Kürbis geben.

3 Sobald der Wildreis gar ist, mit Hefeflocken, Gewürzen und gequollenen Chia-Samen zum Kürbis-Mix hinzufügen. Alles gründlich verkneten, dann aus der Masse mit angefeuchteten Händen ca. 18 Bällchen formen und auf dem Blech verteilen. Im Ofen (Mitte) ca. 30 Min. backen, dabei jeweils nach ca. 10 Min. wenden.

4 Für den Salat währenddessen die Möhren putzen, schälen und in dünne Scheiben schneiden. Mit Essig und Öl mischen und den Salat mit Salz und Pfeffer abschmecken. Für die Sauce in einer kleinen Schüssel Tahin mit Orangensaft und Sojasauce cremig verrühren und mit Salz abschmecken.

5 Zum Servieren die Bällchen aus dem Ofen nehmen und auf Tellern anrichten, mit der Sauce beträufeln und den Möhrensalat dazusetzen.

VEGANE BLUMENKOHL-KÄSESUPPE

Wenn ich in der Lutealphase Heißhunger bekomme, will ich meist nichts Süßes, sondern etwas Deftiges mit Käse-Aroma. Genau das Bedürfnis stillt diese Suppe einfach perfekt: Sie schmeckt würzig-käsig und ist voller Sattmacher-Ballaststoffe.

1 Zwiebel
5 Knoblauchzehen
1 Blumenkohl (ca. 600 g)
2 kleine mehligkochende Kartoffeln
4 kleine Möhren
1 EL natives Kokosol
¼ TL edelsüßes Paprikapulver
¼ TL Pfeffer
Salz
1 l vegane Gemüsebrühe
2 Lorbeerblätter
5 EL Hefeflocken
2 EL Zitronensaft
1 TL Apfelessig

Für 3–4 Personen
Zubereitung: 45 Min.

1 Zwiebel und Knoblauch schälen und separat fein würfeln. Den Blumenkohl putzen, waschen und in Röschen teilen, den Strunk schälen und in kleine Würfel schneiden. Die Kartoffeln schälen, waschen und in Stücke schneiden. Die Möhren putzen, gründlich waschen und ebenfalls in Stücke schneiden.

2 Die Zwiebel in einem großen Topf im Öl bei mittlerer Hitze ca. 4 Min. andünsten, Knoblauch hinzufügen und weitere 2 Min. braten. Mit Paprikapulver und Pfeffer würzen, alles gut mischen und noch ca. 1 Min. braten. Dann Blumenkohl, Kartoffeln und Möhren hinzufügen, 2 TL Salz untermischen und alles noch ca. 5 Min. braten.

3 Das Gemüse mit der Brühe ablöschen und den Lorbeer dazugeben. Die Suppe kurz aufkochen, dann die Temperatur reduzieren und die Suppe zugedeckt bei kleiner Hitze noch ca. 10 Min. köcheln lassen.

4 Danach die Lorbeerblätter wieder entfernen und alles im Topf mit dem Pürierstab nach gewünschter Cremigkeit pürieren. Mit Hefeflocken, Zitronensaft und Essig würzen. Zum Servieren die Suppe auf tiefe Teller oder Schalen verteilen.

Dein Zyklusfood-Tipp:

Hefeflocken sind ein sehr leckeres Würzmittel, das Gerichten eine käsige Note verleiht. Das Beste: Hefeflocken sind extrem reich an B-Vitaminen, insbesondere dem Anti-PMS-Vitamin B6. Diese verbessern Haut sowie Haare und sind auch wichtig, wenn du schwanger werden möchtest. Bei den verschiedenen Marken gibt es geschmackliche Unterschiede, daher am besten mehrere Sorten testen!

KÜRBIS-BOWL MIT CASHEW-FETA-CREME

Die Bowl ist dank des bunten Gemüses wunderbar farbenfroh, was auch Kindern Freude bereitet. Und: Wenn du knusprige Elemente in Bowls genauso liebst wie ich, dann mach dir unbedingt die Kichererbsen-Croûtons aus dem Tipp dazu.

Für die Bowl:
600 g Butternutkürbis
1 ½ EL Olivenöl
Salz, 100 g Hirse
1 Bio-Zitrone (in Vierteln)

Für die Creme:
120 g Cashewkerne
2 TL Apfelessig
2 TL Zitronensaft, Salz

Für das Pesto:
35 g getrocknete Tomaten
½ Knoblauchzehe
25 g geschälte Hanfsamen
2 EL Pistazienkerne
4 EL gehacktes Basilikum
3 EL Olivenöl

Für den Rotkohl:
250 g Rotkohl, 2 EL Olivenöl
2 EL Essig, 1 TL Ahornsirup
½ TL mittelscharfer Senf
¼ TL Knoblauchpulver

Für 3–4 Personen
Zubereitung: 50 Min.
Backen: 20 Min.
Quellen: 30 Min.

1 Für die Bowl den Backofen auf 190° (Umluft) vorheizen. Ein Backblech mit Backpapier belegen. Cashewkerne für die Creme und Trockentomaten für das Pesto separat in heißem Wasser einweichen.

2 Für die Bowl den Kürbis waschen, entkernen und grob würfeln. In einer Schüssel mit Öl und 2 Prisen Salz mischen, auf dem Blech verteilen und im Ofen (Mitte) ca. 20 Min. backen. Herausnehmen und abkühlen lassen. Inzwischen Hirse in einem Sieb abbrausen und in einem Topf mit 200 ml Wasser zugedeckt bei kleiner Hitze ca. 5 Min. garen. Vom Herd nehmen und ca. 30 Min. quellen lassen.

3 Den Kohl putzen, waschen und auf der Gemüsereibe dünn hobeln. Öl, Essig, Ahornsirup, Senf und Knoblauchpulver verrühren, den Kohl in einer Schüssel damit übergießen und kurz unterkneten. Für die Cashew-Feta-Creme die eingeweichten Cashewkerne in ein Sieb abgießen und kurz abtropfen lassen, dann mit 60 ml Wasser, Essig, Zitronensaft und Salz im Mixer cremig pürieren.

4 Für das Pesto Knoblauch schälen. Trockentomaten in ein Sieb abgießen und abtropfen lassen, das Einweichwasser auffangen. Tomaten mit Hanf, Pistazien, Basilikum, Knoblauch und Öl im Mixer kurz pürieren, dann pausieren und die Paste an der Seite herunterkratzen. Pesto nochmals kurz durchrühren, je nach gewünschter Konsistenz bis zu 6 EL Tomateneinweichwasser dazugeben.

5 Zum Servieren die Hirse auf Schalen (Bowls) verteilen und Ofenkürbis, Rotkohl, Cashew-Feta-Creme und Pesto dazusetzen. Mit Olivenöl beträufeln und nach Belieben salzen, die Zitrone dazu reichen. Dazu passen auch noch Kichererbsen-Croûtons (s. Tipp).

Dein Zyklusfood-Tipp:

Für Kichererbsen-Croutons 250 g Kichererbsen (aus dem Glas) in einem Sieb abbrausen, trocken tupfen und mit 1 ½ EL Olivenöl, 1 TL getr. Dill und ½ TL Salz mischen. Alles auf einem mit Backpapier belegtem Backblech verteilen und im Ofen (Mitte) bei 200° (Umluft) 30–35 Min. backen, dabei einmal wenden.

MAC AND CHEESE MIT BLUMENKOHL

Viele mögen Blumenkohl nicht besonders, das liegt allerdings nur daran, dass sie ihn nicht richtig zubereiten. Sobald man ihn roh isst, im Ofen röstet oder nur kurz gegart zu Suppen oder Saucen püriert, duftet und schmeckt er köstlich.

½ Blumenkohl (ca. 300 g)
Salz
400 g kurze Vollkornnudeln
15 g Maismehl
1 große Knoblauchzehe
425 ml ungesüßter Sojadrink
1 TL getr. Thymian
½ TL mittelscharfer Senf
½ TL vegane Gemüsebrühe (Instant)
30 g Hefeflocken
jeweils etwas gehackte Petersilie und Schnittlauch (nach Belieben)

Für 3–4 Personen
Zubereitung: 35 Min.
Backen: 15 Min.

1 Den Blumenkohl putzen, waschen und in Röschen teilen, den Strunk schälen und würfeln. Alles in einem Topf in Salzwasser aufkochen und darin zugedeckt bei kleiner Hitze ca. 12 Min. garen. In ein Sieb abgießen und kurz abkühlen lassen, dann in den Mixer geben.

2 Währenddessen die Nudeln in Salzwasser nach Packungsanweisung bissfest garen, danach in ein Sieb abgießen und abtropfen lassen. Den Backofen auf 180° (Umluft) vorheizen.

3 Inzwischen das Maismehl mit 60 ml Wasser in einer Schüssel verrühren. Den Knoblauch schälen und fein würfeln. In einem zweiten Topf den Sojadrink mit Thymian und Knoblauch mischen, kurz aufkochen und ebenfalls in den Mixer gießen. Dann Senf, Brühpulver, Salz, Hefeflocken und Maismehl-Wasser-Mix dazugeben und alles gründlich durchmixen.

4 Die Nudeln in einer Auflaufform verteilen und mit der Blumenkohlmischung übergießen. Den Auflauf im Ofen (Mitte) in ca. 15 Min. goldbraun überbacken. Herausnehmen und vor dem Servieren kurz abkühlen lassen. Danach auf Tellern anrichten und nach Belieben mit Petersilie und Schnittlauch bestreuen.

Dein Zyklusfood-Tipp:

Die sekundären Pflanzenstoffe im Blumenkohl helfen deinem Körper bei der Entgiftung von überschüssigem Östrogen. Dazu ist er reich an Cholin – einem Nährstoff, der wichtig für dein Gehirn ist, weil er Gedächtnis und Laune verbessert. Perfekt für diese Zyklusphase!

KICHERERBSEN-LINSEN-SALAT

Der Salat hat bisher noch jede und jeden für Hülsenfrüchte begeistern können, der oder die ihnen vorher vielleicht skeptisch gegenüberstand. Wichtig ist die richtige Konsistenz der Linsen – denn sie sollten einfach schön bissfest bleiben!

Für den Salat:
400 g Beluga-Linsen
1 Stück Kombu-Alge (nach Belieben)
250 g Kichererbsen (aus dem Glas)
1 Schalotte
1 Apfel
50 g Kapern
4 EL gehackte Petersilie

Für das Dressing:
80 ml Olivenöl
60 ml Apfelessig
1 EL mittelscharfer Senf
1 EL Ahornsirup
1–2 EL Kaperneinlegewasser
2 TL Salz
1 TL gemahlener Kreuzkümmel
½ TL gemahlener Koriander
½ TL gemahlene Kurkuma
¼ TL Zimtpulver
¼ TL Cayennepfeffer

Für 6 Personen
Zubereitung: 40 Min.

1 Für den Salat die Linsen in einem Sieb abbrausen und in einem Topf in ausreichend Wasser (ohne Salz!) zum Kochen bringen. Nach Belieben die Kombu-Alge dazugeben. Die Linsen kurz aufkochen, dann zugedeckt bei kleiner Hitze in 15–20 Min. bissfest garen. Dabei nach ca. 12 Min. Garzeit den Biss der Linsen regelmäßig kontrollieren. Danach in ein Sieb abgießen und abbrausen, abtropfen und abkühlen lassen, die Alge entfernen.

2 Währenddessen die Kichererbsen in ein Sieb abgießen, abbrausen und abtropfen lassen. Die Schalotte schälen und fein würfeln. Den Apfel waschen, vierteln, entkernen und klein würfeln. Die Kapern hacken. Alles in einer Salatschüssel mischen. Die gegarten Linsen ebenfalls dazugeben und untermischen.

3 Für das Dressing alle Zutaten gründlich verrühren. Danach direkt über den Salat gießen und alles gut durchmischen. Zuletzt die gehackte Petersilie unterheben und den Salat auf Tellern anrichten.

Dein Zyklusfood-Tipp:

Du bekommst von Hülsenfrüchten leider immer Blähungen? Dann ist die Kombu-Alge deine beste Freundin! Wenn du getrocknete Hülsenfrüchte wie Kichererbsen oder Bohnen kochst, solltest du immer ein Stück dieser Alge dazugeben. Denn sie wirkt wie ein Schwamm, der die Raffinose – eine spezielle Kohlenhydratesorte – aufsaugt, die den Hülsenfrüchten ihre blähenden Eigenschaften verleiht.

CHANA MASALA MIT KICHERERBSEN

Wenn ich indisch essen gehe, ist Chana Masala das Gericht meiner Wahl. Ich liebe die Kombi von würziger Tomatensauce mit Kichererbsen – und stelle obendrein damit sicher, dass ich genügend Pflanzenprotein aufnehme.

1 Zwiebel
4 Knoblauchzehen
1 Stück Ingwer (2 cm lang)
2 EL natives Kokosöl
1 TL gemahlener Kreuzkümmel
1 TL gemahlener Koriander
1 TL gemahlene Kurkuma
1 TL edelsüßes Paprikapulver
½ TL Cayennepfeffer
1 TL Salz
400 g Kichererbsen (aus dem Glas)
400 g stückige Tomaten (aus dem Glas)
2 EL gehacktes Koriandergrün (nach Belieben)
240 g Wildreismischung (s. S. 62, nach Belieben)

Für 2–3 Personen
Zubereitung: 30 Min.

1 Zwiebel, Knoblauch und Ingwer schälen und separat fein würfeln. Das Öl in einer großen Pfanne erhitzen und die Zwiebel darin bei mittlerer Hitze ca. 5 Min. andünsten. Knoblauch und Ingwer hinzufügen und noch ca. 1 Min. braten. Alles mit Kreuzkümmel, Koriander, Kurkuma, Paprikapulver, Cayennepfeffer und Salz würzen und noch ca. 1 Min. unter Rühren garen.

2 Inzwischen die Kichererbsen in einem Sieb abbrausen und abtropfen lassen. Dann mit den stückigen Tomaten unter das Chana rühren. 100 ml Wasser dazugießen und alles kurz aufkochen, dann offen noch 10–15 Min. garen, sodass die Sauce eindickt und die Kichererbsen durchgewärmt sind.

3 Zum Servieren das Chana masala auf tiefe Teller oder Schalen verteilen und mit Koriandergrün garnieren. Entweder pur oder mit Wildreis (rechtzeitig wie auf S. 62 beschrieben garen!) genießen.

Dein Zyklusfood-Tipp:

Dank ihrer Kombination aus Protein und Ballaststoffen halten dich Kichererbsen lange satt, sodass der Heißhunger in der Lutealphase keine Chance hat. Es gibt sogar Studien, die darauf hinweisen, dass Kichererbsen appetitzügelnde Eigenschaften haben. Zudem unterstützen sie einen stabilen Blutzuckerspiegel und sorgen dafür, dass du dich auch in dieser Zyklusphase konstant energetisch und fit fühlst und weniger Probleme mit Müdigkeit hast.

LASAGNE MIT TOMATEN-RICOTTA-FÜLLUNG

Die klassische Variante der Lasagne mit Hackfleisch habe ich hier gegen eine vegane Version mit Tofu-Ricotta und Tomaten getauscht. Am Ende kommt eine käsige Sauce aus Cashewkernen darüber, die die Lasagne besonders vollmundig macht.

Für die Käsesauce:

100 g Cashewkerne
½ rote Paprika
15 g Hefeflocken
½ TL Zwiebelpulver

Für die Lasagne:

1 Zwiebel
3 Knoblauchzehen
2 EL natives Kokosöl
2 getr. Tomaten (in Öl eingelegt)
1 EL Tomatenmark
400 g stückige Tomaten
1 TL Ahornsirup
1 TL getr. Oregano
½ TL getr. Thymian
Salz, 150 g Naturtofu
200 g Cashewkerne
Saft von 1 ½ Zitronen
1 ½ EL Olivenöl
60 g Basilikumblätter
20 g Petersilienblätter
6–8 Blätter Lasagne
natives Kokosöl für die Form

Für 3–4 Personen
Zubereitung: 35 Min.
Einweichen: 8 Std. (über Nacht)
Backen: 30 Min.

1 Am Vorabend für die Käsesauce die Cashewkerne in einer Schüssel mit Wasser bedeckt ca. 8 Std., am besten über Nacht, einweichen.

2 Am nächsten Tag für die Lasagne Zwiebel und 1 Knoblauchzehe schälen, fein würfeln und in einem Topf im Kokosöl bei mittlerer Hitze in 2–3 Min. goldbraun anbraten. Die getrockneten Tomaten etwas abtropfen lassen, klein würfeln, Tomatenmark, stückige Tomaten, Ahornsirup, Oregano, Thymian und 1 TL Salz dazugeben und alles offen bei mittlerer Hitze 6–7 Min. köcheln lassen.

3 Für die vegane Ricotta den Tofu grob zerteilen und mit den Cashewkernen im Blitzhacker grob häckseln. Übrigen Knoblauch schälen, mit Zitronensaft, Olivenöl, Basilikum, Petersilie und 1 TL Salz im Blitzhacker grob stückig mixen.

4 Für die Käsesauce die eingeweichten Cashewkerne in ein Sieb abgießen und abbrausen. Die Paprika waschen, weiße Trennwände und Kerne entfernen, die Hälfte in grobe Stücke schneiden. Alle Saucenzutaten mit 120 ml Wasser im Mixer cremig pürieren.

5 Den Backofen auf 180° vorheizen. Die Lasagneform mit etwas Kokosöl einfetten. Erst eine Schicht Tomatensauce in der Form verteilen, dann mit Lasagneplatten belegen und 1 Schicht Tofu-Ricotta daraufsetzen. Danach wieder 1 Schicht Tomatensauce und wieder Lasagneplatten daraufschichten. Diese Reihenfolge wiederholen, bis Tomatensauce und »Ricotta« aufgebraucht sind, dabei mit einer Lasagneplattenschicht abschließen.

6 Die Lasagne zuletzt mit der Käsesauce gleichmäßig übergießen und im Ofen (Mitte) ca. 30 Min. backen. Herausnehmen und vor dem Servieren kurz abkühlen lassen.

SÜSSKARTOFFELN MIT CHILI-MAIS

Süßkartoffeln sind eines meiner liebsten Gemüse. Bei diesem Gericht bin ich in die mexikanische Richtung gegangen, du kannst es aber gerne variieren. Mein Tipp: Backe gleich eine Süßkartoffel mehr – für den Dip mit Pinto-Bohnen von S. 127!

Für die Süßkartoffeln:
4 Süßkartoffeln, 1 Zwiebel
2 Knoblauchzehen
1 rote Paprika
1 Glas schwarze Bohnen
1 ½ EL natives Kokosöl
1 TL Kreuzkümmel
¼ TL Chilipulver
1 TL edelsüßes Paprikapulver
1 EL Limettensaft
1 EL Ahornsirup
Salz, Pfeffer
1 Bund Frühlingszwiebeln
1 Bund gehackte Petersilie

Für den Chili-Mais:
2 gegarte Maiskolben
2 EL Limettensaft
3 ½ EL natives Kokosöl
je ½ TL edelsüßes und geräuchertes Paprikapulver
¼ TL Chilipulver
½ TL Salz
1 TL Ahornsirup

Für 3–4 Personen
Zubereitung: 50 Min.
Backen: 50 Min.

1 Den Backofen auf 200° (Umluft) vorheizen. Die Süßkartoffeln waschen und mit einer Gabel mehrmals rundum einstechen, auf ein Backblech legen und im Ofen (Mitte) in ca. 50 Min. weich backen.

2 Währenddessen Zwiebel und Knoblauch schälen und separat fein würfen. Die Paprika waschen, halbieren, weiße Trennwände und Kerne entfernen, die Hälften würfeln. Die Bohnen in einem Sieb abbrausen und abtropfen lassen.

3 Die Zwiebel in einer Pfanne in 1 EL Öl 2–3 Min. anbraten. Alles mit Knoblauch, Kreuzkümmel, Chilipulver und Paprikapulver würzen und weitere 2–3 Min. anbraten. Bohnen und Paprika mit dem übrigen Öl dazugeben und weitere 5 Min. garen. Alles mit Limettensaft, Ahornsirup und 60 ml Wasser ablöschen und noch ca. 3 Min. garen, salzen und pfeffern.

4 Für den Chili-Mais die Maiskolben erst vierteln und dann nochmals halbieren. Limettensaft, 2 EL Öl, Gewürze und Ahornsirup verrühren. Die Maisstreifen jeweils kurz in die Marinade tauchen und in der Pfanne in ½ EL Öl bei mittlerer Hitze 3–5 Min. anbraten, wenden. Das übrige Öl dazugeben, die Pfanne schwenken und das Öl gleichmäßig verteilten, dann den Mais darin noch 2-3 Min. braten, herausnehmen.

5 Die Süßkartoffeln aus dem Ofen nehmen und ca. 5 Min. abkühlen lassen. Die Frühlingszwiebeln putzen, waschen und in dünne Ringe schneiden. Zum Servieren die Süßkartoffeln der Länge nach etwas einschneiden, mit Bohnen-Mix und Maisstreifen füllen. Mit Frühlingszwiebeln und Petersilie bestreuen. Wer will, serviert noch eine Cashewcreme dazu (s. Tipp).

Dein Zyklusfood-Tipp:

Für eine Cashewcreme 70 g Cashewkerne in einer Schüssel in heißem Wasser ca. 30 Min. einweichen. Dann in ein Sieb abgießen und abbrausen. Mit 120 ml Wasser, 2 EL Zitronensaft und ½ TL Salz im Mixer cremig pürieren. Die Creme passt auch zur Kürbis-Bowl (s. S. 136) oder statt der Tahinsauce zu den Kürbis-Reis-Bällchen (s. S. 134).

Lutealphase

KICHERERBSEN-NACHOS MIT CASHEWDIP

Zu gemütlichen Fernsehabenden gehört ein Snack. Statt fettiger Chips voller Industriezucker, Transfette und Hormonstörer greife ich lieber zu den selbst gemachten Nachos. Der Trick: den Teig möglichst dünn ausrollen, damit er zart und kross wird.

Für die Nachos:
250 g Kichererbsenmehl
1 ½ EL Salz
1 TL Backpulver
60 ml zerlassenes natives Kokosöl

Für den Dip:
2 rote Spitzpaprika
250 g Cashewkerne
Saft von 2 Limetten
1 TL Knoblauchpulver
1 ½ EL Hefeflocken
1 TL Salz
¼ TL Chilipulver

Für 2–3 Personen
Zubereitung: 25 Min.
Backen: 13 Min.

1 Für die Nachos den Backofen auf 180° (Umluft) vorheizen. Ein Backblech mit Backpapier belegen.

2 Das Kichererbsenmehl mit Salz und Backpulver in einer Rührschüssel mischen. Danach Kokosöl und 8 EL Wasser hinzufügen und alles mit den Knethaken des Handrührgeräts so lange verkneten, bis ein klebriger Teig entstanden ist.

3 Den Teig zu einer Kugel formen und zwischen 2 Lagen Backpapier mit dem Nudelholz so dünn wie möglich ausrollen. Danach das obere Backpapier entfernen und den Teig mit einem scharfen Messer in dreieckige Nachos schneiden. Die Chips nebeneinander auf dem Blech verteilen und im Ofen (Mitte) ca. 13 Min. backen. Herausnehmen und auf einem Kuchengitter abkühlen lassen.

4 Für den Dip die Spitzpaprika waschen, halbieren, weiße Trennwände und Kerne entfernen, die Hälften grob in Stücke schneiden. Die Paprika mit 150 ml Wasser und den restlichen Zutaten in einen Mixer geben und alles zu einem cremigen Dip pürieren. Den Dip zu den Nachos servieren.

Dein Zyklusfood-Tipp:

Kichererbsenmehl bekommst du in den meisten Bio- und Supermärkten. Es ist ein sehr gutes Bindemittel und lässt sich daher auch als Ei-Ersatz verwenden. Wichtig ist, dass du Kichererbsenmehl nie roh verzehrst, da es das giftige Phasin enthält, das erst beim Erhitzen zerstört wird (das geht eigentlich sehr schnell). Wer auf Nummer sicher gehen will, kauft am besten gleich geröstetes Kichererbsenmehl.

COOKIE-DOUGH-DIP MIT APFELSPALTEN

Stelle am besten gleich etwas mehr Dip her und schneide den Apfel dazu immer frisch auf! Du kannst auch andere Früchte zum Dippen wie Birnen oder Feigen nehmen. Wer es noch süßer mag, kann auch Datteln mit dem Dip bestreichen.

1 Apfel
250 g Kichererbsen (aus dem Glas)
50 ml ungesüßter Haferdrink
60 g Cashewmus
15 g Proteinpulver mit Vanillegeschmack
1 EL zarte Haferflocken
1 Prise Salz
2 ½ EL Zartbitter-Schokotropfen

Für 2–3 Personen
Zubereitung: 10 Min.

1 Den Apfel waschen, vierteln und entkernen. Die Apfelviertel in Spalten schneiden. Die Kichererbsen in ein Sieb abgießen und so lange mit klarem Wasser abbrausen, bis kein Schaum mehr kommt.

2 Die Kichererbsen mit den restlichen Zutaten – bis auf den Apfel und die Schokotropfen – in den Mixer geben und alles zu einem cremigen Dip pürieren. Falls der Dip zu fest ist, noch etwas Wasser untermixen.

3 Zum Servieren den Dip mit den Schokotropfen bestreuen und mit den Apfelspalten anrichten. Der Dip hält sich abgedeckt im Kühlschrank ca. 1 Woche.

Dein Zyklusfood-Tipp:

Woher kommt eigentlich der Schaum, wenn man Hülsenfrüchte abgießt? Er wird als »Aquafaba« bezeichnet und in der veganen Küche genutzt, um Eiweiß zu ersetzen. Ich rate dir aber eher davon ab, da Aquafaba auch Phytinsäure enthält, die die Aufnahme von Zink und Eisen hemmt. Zudem enthält Aquafaba Oligosaccharide wie Raffinose (s. S. 140), die der Grund sind, warum einige Menschen mit Blähungen auf Hülsenfrüchte reagieren. Je besser du also diesen Schaum von deinen Kichererbsen abspülst, desto verträglicher werden sie für deinen Darm.

GOLDEN MILK MIT PFLANZENDRINK

Goldene Milch hat in den letzten Jahren enorm an Beliebtheit gewonnen, weshalb es auch Fertigmischungen gibt. Ich finde das unnötig, weil man sie ruckzuck und ohne Fertigpulver herstellen kann – und so ganz genau weiß, was drin ist.

500 ml ungesüßter Reisdrink
3 TL gemahlene Kurkuma
1 TL Ingwerpulver
½ TL Zimtpulver
2 Prisen gemahlener Koriander
2 Prisen gemahlener Sternanis
2 Prisen Pfeffer
2 Prisen frisch geriebene Muskatnuss
2 TL natives Kokosöl

Für 2 Personen
Zubereitung: 10 Min.

1 Den Reisdrink in einem kleinen Topf zum Kochen bringen. Die Temperatur reduzieren, alle Gewürze dazugeben und mit einem Schneebesen gründlich unterrühren.

2 Die Golden Milk vom Herd nehmen und das Kokosöl einrühren. Zum Servieren auf Tassen verteilen und sofort genießen. Wer will, kann die Golden Milk noch mit einem Süßungsmittel abschmecken – ich mag sie persönlich pur am liebsten.

Dein Zyklusfood-Tipp:

Goldene Milch hat eine stark entzündungshemmende Wirkung – dank der Kurkuma oder Gelbwurz. Diese wird übrigens in Kombi mit dem Pfeffer und dem Fett aus dem Kokosöl noch besser vom Körper aufgenommen. Kurkuma hilft, PMS-Probleme zu reduzieren, aber auch einer schmerzhaften Periode in deiner kommenden Zyklusphase vorzubeugen.

WEISSE-SCHOKO-MACADAMIA-TARTE

Wer weiße Schokolade mag, wird diese Tarte lieben. Der Mix aus Macadamia, Cashewkernen und Kakaobutter verleiht ihr eine tolle Cremigkeit, während die Haferflocken für Knuspern sorgen. Für alle, die in der Zyklusphase Süßes suchen …

Für die Creme:
200 g Cashewkerne
75 g Kakaobutter (am besten als Chips)
120 ml Ahornsirup
120 ml natives Kokosöl
1 TL gemahlene Vanille
½ TL Salz
etwas ungesüßter Haferdrink (bei Bedarf)

Für den Boden:
100 g Macadamianusskerne
150 g kernige Haferflocken
¼ TL Salz
60 ml zerlassenes natives Kokosöl
3 EL Ahornsirup
natives Kokosöl für die Form

Für 1 Springform (Ø 22 cm)
Zubereitung: 30 Min.
Einweichen: 8 Std. (über Nacht)
Backen: 15 Min.
Tiefkühlen: 4 Std.

1 Am Vorabend für die Creme die Cashewkerne in einer Schüssel mit Wasser bedecken und ca. 8 Std., am besten über Nacht, einweichen.

2 Am nächsten Tag für den Boden den Backofen auf 180° vorheizen. Die Form mit Kokosöl einfetten. Die Macadamianüsse im Blitzhacker zu Mehl mahlen, in eine Schüssel geben. Die Hälfte der Haferflocken (75 g) im Mixer ebenfalls zu Mehl mahlen und zum Macadamiamehl geben. Übrige Haferflocken nur grob mahlen, sodass sie zerkleinert, aber noch stückig sind. Ebenfalls in die Schüssel geben.

3 Salz, Kokosöl und Ahornsirup zur Nuss-Flocken-Mischung geben und alles mit den Knethaken des Handrührgeräts gründlich verkneten. Den Teig in der Springform verteilen und gut festdrücken, dann im Ofen (Mitte) 10–15 Min. backen, bis der Teig leicht goldbraun bräunt. Den Boden aus dem Ofen nehmen und in der Form auf einem Kuchengitter abkühlen lassen.

4 Währenddessen für die Creme die Kakaobutter grob hacken und in einer Metallschüssel über dem heißen Wasserbad unter Rühren schmelzen. Eingeweichte Cashewkerne in ein Sieb abgießen und gründlich abbrausen. Mit Ahornsirup, Kokosöl, Kakaobutter, Vanille und Salz im Mixer fein pürieren. Falls die Mischung zu trocken ist und nicht cremig wird, noch etwas Haferdrink dazugeben.

5 Die Creme auf den abgekühlten Boden in der Form gießen und glatt streichen. Die Torte im Tiefkühlfach mindestens 4 Std. abkühlen und fest werden lassen. Vor dem Servieren ca. 10 Min. Zimmertemperatur annehmen lassen.

Dein Zyklusfood-Tipp:

Macadamia-Nusskerne sind für ihr buttriges, leicht süßliches Aroma bekannt. Dazu kommt, dass sie viele Nährstoffe enthalten wie etwa große Mengen Mangan, das wichtig für gesunde Knochen, einen stabilen Blutzuckerspiegel, eine funktionierende Hormonproduktion und ein starkes Immunsystem ist.

SACHREGISTER

REZEPTREGISTER

N

P/Q

R

S

T

V/W/Z

BÜCHER UND ADRESSEN, DIE WEITERHELFEN

Bücher

Briden, Lara: *»Die Perioden-Werkstatt: Der Weg zu gesunden Hormonen und einer gesunden Periode«,* GreenPeak Publishing 2018

Brizendine, Louann: *»Das weibliche Gehirn. Warum Frauen anders sind als Männer«,* Goldmann 2008

Heepen, Günther H.: *»Hormone natürlich regulieren«,* GRÄFE UND UNZER VERLAG 2019

Kloibhofer, Manuela: *»Frauenblut. Dein Ratgeber für die Menstruation«,* Herbig 2021

Rebensburg, Philip, und Kappl, Andreas: *»Gesund mit Heilpilzen: Immunsystem stärken, Krankheiten heilen und Beschwerden lindern«,* riva 2020

Vitti, Alisa: *»In The FLO. Unlock Your Hormonal Advantage and Revolutionize Your Life«,* HarperOne 2020

Vitti, Alisa: *»Woman Code. Perfect Your Cycle, Amplify Your Fertility, Supercharge Your Sex Drive an Become a Power Source«,* HarperOne 2013

Weschler, Toni: *»Familienplanung. Das Standardwerk zur natürlichen Empfängnisverhütung, Kontrolle der Fruchtbarkeit sowie Erfüllung des Kinderwunsches«,* mvg 2021

Adressen

Arbeitsgruppe NFP (Natürliche Familienplanung): https://www.sensiplan.de

App zu Inhaltsstoffen von Lebensmitteln und Kosmetika: https://codecheck-app.com

App zur ersten Einschätzung der Periodenstärke: Myflow Score

App für Zyklus-Tracking und zyklische Ernährung: Bodysynchron

Dank

Mein zweites Buch ist fertig – und ich kann dir, liebe Leserin oder lieber Leser, gar nicht genug dafür danken. Ohne dich und dein Interesse an meinem Erstling würde es Buch Nummer zwei gar nicht geben. Danke an alle, die meinen Kanälen folgen, Teil meiner Kurse sind und mich und meine Arbeit weiterempfehlen. So tragen wir das Thema Frauengesundheit gemeinsam in die Welt!

Von Herzen danke ich meinem Mann Tobi, der seit Tag eins an mich glaubt. Danke für die vielen Einkaufstouren, deine Kreativität beim Kochen und deinen Mut, alles zu testen, was ich dir vorgesetzt habe. Mein Dank geht an meine Eltern, meinen Bruder Nick und meinen Schwager Andi, die mich beim letzten Buch so voller Liebe und Einsatz unterstützt haben. Danke, Mama, dass du mir den Sinn für gesunde Ernährung eingepflanzt und mir niemals einen Schweinebraten vorgesetzt hast. Ich danke meinen Freund*innen, die mich auf meinem Weg begleiten und mit mir über Erfolge jubeln. Danke, Stephie, dass du einfach immer und überall die Werbetrommel für mich rührst. Danke, Alex, dass du mir die entscheidende Inspiration geschenkt hast, als ich mit meinem Snack-Rezept nicht weiterkam. Ich danke meinem wunderbaren Bodysynchron-Team, das mir während des Schreibens den Rücken freigehalten hat. Danke, Svetlana, dass du meine Coverwünsche auf Papier gebracht hast.

Danke, Stella, dass du dich für das Buch eingesetzt hast und immer ein offenes Ohr für meine Wünsche hattest. Danke, Kathrin, dass du dich erneut mit viel Geduld durch Texte und Rezepte gearbeitet und das Buch mit tollen Ideen bereichert hast. Last but not least danke ich dem kleinen Fellknäuel, das gerade an meinen Füßen genüsslich schnarcht. Grisou, du bringst mich jeden Tag zum Lächeln!

Jessica Roch

ist Gesundheitsjournalistin, zertifizierter Hormone Health Coach und ausgebildete Ernährungsberaterin. Sie gründete Bodysynchron, Deutschlands größte Plattform für Frauengesundheit, aufgrund eigener Hormonprobleme nach dem Absetzen der Antibabypille.

Auf ihrem Instagramkanal mit über 80 000 Abonnent*innen, auf ihrer Webseite und ihrem Podcast teilt sie all ihr Wissen rund um Hormone, Ernährung und Verhütung. 2022 brachte sie eine kostenlose App auf den Markt, die Menschen beim Zyklustracken hilft und passende Lebensmittel pro Zyklusphase vorschlägt. Daneben hat sie mit ihren Onlinekursen bereits Hunderten von Frauen dabei geholfen, ihre Hormonbeschwerden loszuwerden. Ihre Hormonkurse sind unter www.bodysynchron.de/kurse zu finden.

2022 hat Jessica Roch im GRÄFE UND UNZER Verlag ihr erstes Buch verlegt: »Zyklus im Glück. Wie du PMS, Regelschmerzen und andere Hormonprobleme endlich loswirst«. Darüber hinaus ist Jessica Roch seit 2023 als Speakerin tätig und unterstützt Firmen dabei, dem Thema Frauengesundheit und Zyklus im Arbeitsleben mehr Aufmerksamkeit zu schenken. Anfragen können unter www.bodysynchron.de/speaker gestellt werden.

Weitere Informationen und Hilfe bei Hormonproblemen findest du hier:
Webseite: www.bodysynchron.de
Hormonkurse: www.bodysynchron.de/kurse
Instagram: www.instagram.com/bodysynchron/
Tiktok: www.tiktok.com/@bodysynchron
App: Bodysynchron (kostenlos im App Store und Google Play Store)

Iss dich jung!

Unser Geschenk für dich: 12 Jungbrunnen-Rezepte mit den Stars der Longevity-Gemüse

- *Du willst deinen Alterungsprozess nachweislich verlangsamen?*
- *Du willst mehr Gemüse in deinen täglichen Speiseplan bringen, am besten 80%?*
- *Du willst wissen, welche Gemüse den besten Cocktail an Boosterwirkstoffen für die Zellfitness enthalten?*

Dann sichere dir die 12 besten Jungbrunnen-Rezepte von Nina Ruge und Stephan Hentschel! Unsere Bestsellerautorin Nina Ruge hat gemeinsam mit Gunter Eckert, Professor für Ernährung, eine Liste mit Top-Lebensmitteln für ein langes Leben erstellt. Passend dazu gibt es raffinierte Alltagsrezepte von Sternekoch Stephan Hentschel.

Als Teil unserer GU Community kannst du die Rezepte einfach downloaden! Melde dich direkt an unter:
www.gu.de/jungbrunnen-rezepte

Übrigens:

In unserer GU Community informieren wir dich nicht nur über Neuerscheinungen. Du profitierst von tollen Videos, leckeren Rezept-Tipps, praktischen Downloads und mehr – es lohnt sich!

QUALITÄTS GARANTIE G|U

LIEBE LESERINNEN UND LESER,

wir wollen Ihnen mit diesem Buch Informationen und Anregungen geben, um Ihnen das Leben zu erleichtern oder Sie zu inspirieren, Neues auszuprobieren. Wir achten bei der Erstellung unserer Bücher auf Aktualität und stellen höchste Ansprüche an Inhalt und Gestaltung. Alle Anleitungen und Rezepte werden von unseren Autoren, jeweils Experten auf ihren Gebieten, gewissenhaft erstellt und von unseren Redakteur*innen mit größter Sorgfalt ausgewählt und geprüft.

Haben wir Ihre Erwartungen erfüllt? Sind Sie mit diesem Buch und seinen Inhalten zufrieden? Wir freuen uns auf Ihre Rückmeldung. Und wir freuen uns, wenn Sie diesen Titel weiterempfehlen, in Ihrem Freundeskreis oder bei Ihrem Online-Kauf.

Sollten wir Ihre Erwartungen so gar nicht erfüllt haben, tauschen wir Ihnen Ihr Buch jederzeit gegen ein gleichwertiges zum gleichen oder ähnlichen Thema um.

KONTAKT ZUM LESERSERVICE

GRÄFE UND UNZER VERLAG
Grillparzerstraße 12
81675 München
www.gu.de

GRÄFE UND UNZER

Ein Unternehmen der
GANSKE VERLAGSGRUPPE

IMPRESSUM

G|U

GU ist eine eingetragene Marke der GRÄFE UND UNZER VERLAG GmbH, www.gu.de

ISBN 978-3-8338-9044-4
1. Auflage 2023

Projektleitung: Stella Schossow
Lektorat: Kathrin Gritschneder
Bildredaktion: Nele Schneidewind
Umschlaggestaltung: ki36 Editorial Design, München, Katja Wohnrath
Layout: ki36 Editorial Design, München, Marta Olesniewicz/ Stephanie Reindl; Modifizierung des Layouts durch Petra Roth
Herstellung: Petra Roth
Satz: Dorothee Griesbeck, griesbeckdesign, München
Reproduktion: Longo AG, Bozen
Druck und Bindung: Firmengruppe APPL, aprinta druck, Wemding

Umwelthinweis:
Nachhaltigkeit ist uns sehr wichtig. Der Rohstoff Papier ist in der Buchproduktion hierfür von entscheidender Bedeutung. Daher ist dieses Buch auf PEFC-zertifiziertem Papier gedruckt. PEFC garantiert, dass ökologische, soziale und ökonomische Aspekte in der Verarbeitungskette unabhängig überwacht werden und lückenlos nachvollziehbar sind.
Die GU-Homepage finden Sie unter www.gu.de

Bildnachweis:
Cover: Stocksy und Istock; Rezeptfotos GU/Tina Engel: S. 2–151; Innenteil: Getty Images: S. 38, 120; Istock: S. 24, 25, 26, 27, 36, 37, 56, 57, 80, 81, 108, 109, 130, 131; Stocksy: S. 8, 28, 46, 68, 96; GU/Florian Hauer: S. 15; Tobias Reger: Autorinnenfoto Cover, S. 4, 158;

Bildagentur Image Professionals GmbH, www.imageprofessionals.com

Wichtiger Hinweis:
Die Gedanken, Methoden und Anregungen in diesem Buch stellen die Meinung bzw. Erfahrung der Verfasserin dar. Sie wurden von der Autorin nach bestem Wissen erstellt und mit größtmöglicher Sorgfalt geprüft. Sie bieten jedoch keinen Ersatz für persönlichen kompetenten medizinischen Rat. Jede Leserin, jeder Leser ist für das eigene Tun und Lassen auch weiterhin selbst verantwortlich. Weder Autorin noch Verlag können für eventuelle Nachteile oder Schäden, die aus den im Buch gegebenen praktischen Hinweisen resultieren, eine Haftung übernehmen.